大方廣佛華嚴經第五十卷變相

如來出現品三十七

普賢菩薩說此明法

大方廣佛華嚴經

일러두기

1. 『대방광불화엄경 강설』 원문原文의 저본底本은 근세에 교정이 가장 잘 되었다고 정평이 나 있는 대만臺灣의 불타교육기금회佛陀教育基金會에서 출판한 『화엄경소초華嚴經疏鈔』본입니다.

2. 『대방광불화엄경 강설』은 실차난타實叉難陀가 695년부터 699년까지 4년에 걸쳐 번역해 낸 80권본卷本 『대방광불화엄경』을 우리말로 옮기고 강설을 붙인 것입니다.

3. 『대방광불화엄경』은 애초 산스크리트에서 한역漢譯된 경전이지만 현재 산스크리트본은 소실된 상태입니다. 산스크리트를 음차한 경우 굳이 원래 소리를 표기하려고 하기보다는 『표준국어대사전』이나 『불교사전』 등에 등재된 한자음을 사용하는 것을 원칙으로 하였습니다.

4. 경문의 한글 번역은 동국역경원본을 참고하여 그대로 또는 첨삭을 하며 의미대로 번역하고 다듬었습니다.

5. 각 품마다 내용에 따라 단락을 나누고 제목을 달았습니다. 단락의 제목은 주로 청량清涼스님의 견해에 기초하였고 이통현李通玄장자의 견해를 참고로 하였습니다.

6. 『대방광불화엄경 강설』의 발행 순서는 한역 경전의 편재 순서를 기준으로 하였고 각권은 단행본 한 권씩으로 출간될 예정이며 모두 80권으로 완간됩니다. 다만 80권본에 빠져 있는 「보현행원품」은 80권본 완역 및 강설 후 시리즈에 포함돼 추가될 예정입니다.

7. 『대방광불화엄경 강설』 안에서 불교용어를 풀이한 것은 운허스님이 저술하고 동국역경원에서 편찬한 『불교사전』을 인용하였습니다.

8. 각주의 청량스님의 소疏는 대만에서 입력한 大方廣佛華嚴經 사이트의 것을 사용하였습니다.

9. 『대방광불화엄경 강설』 입법계품에 들어가는 문수지남도는 북송北宋시대 불국佛國선사가 선재동자가 53명의 선지식을 친견하여 법을 구하는 장면을 하나하나 그림으로 그린 것입니다.

대방광불화엄경 강설
제 50 권

三十七. 여래출현품如來出現品 1

실차난타實叉難陀 한역
무비스님 강설

서문

열 가지 힘[十力] 크신 영웅 가장 높으며
허공과 같아서 같을 이 없이 같네.
경계가 넓고 커서 측량 못하니
공덕이 제일이며 세간을 초월했도다.

열 가지 힘의 공덕은 한량이 없어
마음으로 생각해도 못 미치나니
사람 중 사자의 한 가지 법을
중생들은 억겁에도 알지 못하도다.

시방국토를 다 부수어 만든 먼지는
계산하여 그 수효 알 수 있을지라도
여래의 한 털끝에 있는 공덕은
천만억 겁 말하여도 다할 수 없도다.

대방광불화엄경 강설

어떤 사람이 자를 들고 허공을 재는데

다른 이는 따라가며 그 수효를 세어도

허공이 끝난 데를 찾을 수 없듯이

여래의 경계도 또한 그와 같도다.

혹 어떤 이가 찰나 동안에

세 세상 중생 마음 다 안다 하더라도

중생 수효 같은 겁을 지내면서도

부처님의 찰나 성품 알지 못하도다.

비유하면 법계가 일체에 두루 하지만

그를 보고 일체라고 할 수 없듯이

열 가지 힘 경계도 그와 같아서

일체에 두루 하나 일체가 아니로다.

진여眞如는 허망 떠나 항상 고요해

생도 없고 멸도 없이 두루 하나니

부처님의 경계도 그와 같아서

자체 성품 평등하여 증감 없도다.

비유하면 실제實際라도 실제가 아니면서

세 세상에 두루 하나 두루 한 것 아니듯이

도사導師님의 경계도 그와 같아서

세 세상에 두루 하여 걸림 없도다.

법의 성품 지음 없고 변치도 않아

마치 허공이 본래 청정하듯이

부처님의 성품이 청정함도 그와 같아서

본성품은 성품이 아니라 유와 무를 떠났도다.

법의 성품 언론言論에 있지 않나니

말이 없고 말을 떠나 항상 고요해

열 가지 힘의 경계 성품 그와 같아서

일체의 글과 말로 분별하지 못하도다.

법의 성품 적멸한 줄 분명히 아나

허공에 나는 새의 자취 없듯이

본서원의 힘으로 육신을 나타내어

여래의 신통변화 보게 하도다.

2016년 11월 1일

신라 화엄종찰 금정산 범어사

如天 無比

대방광불화엄경 목차

대방광불화엄경 강설 제50권

三十七. 여래출현품如來出現品 1

대방광불화엄경 강설

제50권

三十七. 여래출현품 1

이 여래출현품如來出現品은 80권 중에서 세 권으로 이루어졌다. 품의 이름처럼 여래가 출현하여 이 세상에 베푸신 온갖 공덕과 지혜와 자비를 낱낱이 드러내어 밝힌 것으로 다시 말하면 부처님에 대한 모든 것과 불법에 대한 모든 것을 밝힌 품이다. 화엄경의 안목에서 여래가 이 세상에 출현하신 모든 의미를 여래출현품 세 권에 다 정리하여 밝혔다. 그러므로 이 품은 "여래출현경如來出現經"이라고 하여 따로 널리 보급하여도 좋을 품이다.

"보현보살마하살이 여래성기묘덕보살과 여러 보살 대중에게 말하였습니다. '불자여, 이 일은 불가사의하나니, 이른바 여래 응공 정등각께서는 한량없는 법으로써 출현하시느니라. 왜냐하면 한 가지 인연이나 한 가지 사실로써 여래 출현이 성취되는 것이 아니고, 열 가지 한량없는 백천 아승지 일로써 성취하느니라.'"라고 하시면서 보현보살은 여래의 모든 내용을 열 가지로 나누어서 설명하고, 다시 한 가지 사실에 열 가지 비유를 들어 여래가 이 세상에 출현하신 일이 심오하고 광대하여 측량하기 어려움을 밝혔다. 경문의 형식도 장문과 계송을 치밀하게 안배하여 그 내용을 거듭 밝혔다.

　그 열 가지 사실이란 먼저 여래 출현의 법상法相과 여래의 신업身業과 여래의 어업語業과 여래의 의업意業과 여래의 경계境界와 여래의 행行과 여래의 정각正覺과 여래의 법륜 굴림과 여래의 열반과 여래를 보고 듣고 친근하여 생긴 선근 등이다. 실로 여래의 출현에서부터 오늘날까지, 아니 먼 미래에까지 중생들이 보고 듣고 친근하여 얻는 선근까지를 빠짐없이 다 들어 밝혔다. 그러므로 부처님에 대한 모든 내용이며 불법에 대한 모든 내용이라고 하는 것이다.

1. 세존이 광명을 놓아 가피를 내리다

1) 미간의 백호상白毫相으로부터 광명을 놓다

이시   세존   종미간백호상중   방대광명
爾時에 **世尊**이 **從眉間白毫相中**하야 **放大光明**

명여래출현   무량백천억나유타아승지
하시니 **名如來出現**이라 **無量百千億那由他阿僧祇**

광명   이위권속
光明으로 **以爲眷屬**하니라

그때에 세존께서 미간의 백호상白毫相으로부터 큰 광명을 놓으니 이름이 '여래출현如來出現'이요, 한량없는 백천억 나유타 아승지 광명으로 권속이 되었습니다.

여래가 이 세상에 출현함으로부터 비로소 사람과 일체 존재의 진실한 모습이 밝게 드러나게 되었다. 그것을 여래출현품에서는 광명을 놓아 가피를 내리는 것으로 상징하였다. 그 광명을 여래의 미간 백호상白毫相에서 놓았다. 백호상은 여래의 32상의 하나로서 부처님의 두 눈썹 사이에 있는 희고 빛나는 가는 터럭이다. 깨끗하고 부드러워 가느다란 향기가 피어오르는 듯하며 오른쪽으로 말린 데서 끊임없이 광명을 놓고 있다. 이 광명은 한 줄기 빛이 아니라 한량없는 백천억 나유타 아승지 광명으로 권속이 되었는데 그 이름은 '여래출현如來出現'이다. 그래서 여래가 출현하는 일에 대하여 설법하게 되는 것이다.

기 광　보 조 시 방 진 허 공 법 계 일 체 세 계　　우
其光이 普照十方盡虛空法界一切世界하야 右

요 십 잡　　현 현 여 래 무 량 자 재
遶十帀하야 顯現如來無量自在하며

그 광명은 시방 온 허공 법계와 일체 세계를 두루 비추며 오른쪽으로 열 번 돌아 여래의 한량없이 자유자재함을 나타내었습니다.

광명이 일체 세계를 널리 비추고 오른쪽으로 열 번 돌아 여래의 한량없이 자유자재함을 나타내었다는 것은 여래 출현의 이치와 법이 당연히 그러하다는 뜻이며 그래서 완전하고 원만하다는 뜻이다.

각 오 무 수 제 보 살 중
覺悟無數諸菩薩衆하며

수없는 모든 보살 대중을 깨우치며

여래의 백호상에서 놓은 광명은 곧 진리의 가르침이며 지혜며 법이다. 이와 같은 진리의 가르침으로 무수한 보살들에게 모든 존재의 실상을 깨닫게 하였다.

진 동 일 체 시 방 세 계
震動一切十方世界하며

일체 시방세계를 진동시키며

여래가 이 세상에 출현하신 일, 즉 광명을 놓은 것은 인류 역사상 전무후무한 일이며 매우 감동적인 일이며 사람들을 놀라게 하는 일이다. 여래 출현의 깊은 뜻을 아는 사람들에게는 실로 가슴 떨리고 전율을 느끼게 하는 일이다.

제 멸 일 체 제 악 도 고
除滅一切諸惡道苦하며

일체 모든 나쁜 길의 고통을 소멸하였습니다.

여래가 이 세상에 출현하시고 진리의 가르침을 널리 편 것을 광명으로 표현하였다. 그 광명은 모든 사람 모든 생명의 악의 길에서 고통받는 문제를 모두 소멸하는 일이다.

영 폐 일 체 제 마 궁 전
映蔽一切諸魔宮殿하며

일체 모든 마군의 궁전을 가려 버렸으며

그동안 어떤 종교, 어떤 사상, 어떤 철학, 어떤 가르침도 여래의 가르침을 능가하는 것은 없었다. 여래의 가르침이 이 세상에 등장하고부터 모든 종교, 모든 사상, 모든 철학, 모든 가르침을 가려 버렸다.

현 시 일 체 제 불 여 래　　　좌 보 리 좌　　　성 등 정 각
顯示一切諸佛如來가 **坐菩提座**하야 **成等正覺**

급 이 일 체 도 량 중 회
과 **及以一切道場衆會**하니라

일체 모든 부처님 여래께서 보리좌에 앉아서 바른 깨달음 이루는 일과 일체 도량에 모인 대중을 나타내었습니다.

광명이라는 가르침을 인하여 일체 모든 부처님 여래께서 보리좌에 앉아서 바른 깨달음 이루신 일을 알게 되었다. 또한 세계의 방방곡곡 일체 도량에서는 부처님의 가르침을 존중하여 모인 대중들이 인산인해를 이루게 되었다.

작 시 사 이   이 래 우 요 보 살 중 회   입 여 래
作是事已하고 而來右遶菩薩眾會하야 入如來

성 기 묘 덕 보 살 정
性起妙德菩薩頂하신대

이런 일을 하고는 다시 와서 보살 대중을 오른쪽으
로 돌고는 여래성기묘덕보살如來性起妙德菩薩의 이마로 들
어갔습니다.

여래가 백호상으로부터 놓은 여래 출현의 광명이 모든
보살 대중을 한 바퀴 돌고는 여래성기묘덕보살의 이마로 들
어간 것은 무슨 의미일까. 아래의 경문을 계속해서 읽으면
저절로 고개가 끄덕여질 것이다.

여래성기묘덕보살如來性起妙德菩薩은 여래 출현의 가르침을
이끌어 낸 발기인發起人이다. 그 이름은 사람 사람에게 본래
로 갖춰진 자성여래의 본성품 안에 내재된 아름다운 덕성[妙
德]을 불러일으킨다는 뜻이다. 그러므로 여래의 출현은 곧
모든 사람 여래와 모든 생명 여래의 출현이라는 의미를 가
진다.

시   차 도 량 일 체 대 중   신 심 용 약   생 대 환
時에 **此道場一切大衆**이 **身心踊躍**하야 **生大歡**

희   작 여 시 념   심 기 희 유   금 자 여 래   방 대
喜하야 **作如是念**호대 **甚奇希有**여 **今者如來**가 **放大**

광 명   필 당 연 설 심 심 대 법
光明하시니 **必當演說甚深大法**이로다

그때에 이 도량에 있는 일체 대중이 몸과 마음이 뛸 듯이 크게 기뻐서 이와 같이 생각하였습니다. '매우 신기하고 희유하여라. 지금 여래께서 큰 광명을 놓으시니, 반드시 깊고 깊은 큰 법을 연설하시리라.'

여래께서 미간의 백호상에서 놓은 광명이 보살 대중을 한 바퀴 돌고 여래성기묘덕보살의 이마로 들어가는 것을 바라본 모든 보살 대중이 몸과 마음이 뛸 듯이 크게 기뻐서 생각하게 된 내용을 밝혔다. 그것은 반드시 깊고 깊은 큰 법을 연설하시리라는 것이다.

2) 여래성기묘덕如來性起妙德보살의 게송

(1) 여래를 찬탄하다

이 시 　여 래 성 기 묘 덕 보 살 　어 연 화 좌 상 　편
爾時에 **如來性起妙德菩薩**이 **於蓮華座上**에 **偏**

단 우 견 　우 기 합 장 　일 심 향 불 　이 설 송 언
祖右肩하며 **右跽合掌**하고 **一心向佛**하사 **而說頌言**

하사대

그때에 여래성기묘덕보살이 연꽃자리 위에서 오른 어깨를 드러내고 오른 무릎을 꿇고 합장하고 한결같은 마음으로 부처님을 향하여 게송을 설하였습니다.

여래의 광명을 받은 여래성기묘덕보살은 여래 출현의 뜻을 발기한 보살이다. 그래서 오른 어깨를 드러내고 오른 무릎을 꿇고 자신의 게송이 진성眞誠에서 나온 것임을 표현하고 합장하고 한결같은 마음으로 부처님을 향하여 게송을 설한다.

정각 공덕 대 지 출　　　　보 달 경 계 도 피 안
正覺功德大智出하사　　普達境界到彼岸하사

등 어 삼 세 제 여 래　　　　시 고 아 금 공 경 례
等於三世諸如來일새　　是故我今恭敬禮하노이다

바른 깨달음의 공덕으로 큰 지혜를 내어

경계를 널리 통달하고 저 언덕에 이르시니

세 세상 여래들과 평등하기에

그러므로 내가 지금 공경히 예배합니다.

　여래성기묘덕보살이 먼저 여래를 공경하고 예배하는 까
닭을 밝혔다. 여래께서는 바른 깨달음을 성취하신 분으로
그 깨달음의 공덕은 한마디로 큰 지혜라고 표현할 수 있다.
그 지혜로 모든 깨달음의 경계를 널리 통달하여 저 언덕에
이르렀다. 그것은 과거 현재 미래의 모든 여래들과 평등하여
조금도 다르지 않다. 그러므로 공경하고 예배하는 것이다.

이 승 무 상 경 계 안　　　　이 현 묘 상 장 엄 신
已昇無相境界岸하사대　而現妙相莊嚴身하시며

방 어 이 구 천 광 명　　　　파 마 군 중 함 령 진
放於離垢千光明하사　**破魔軍衆咸令盡**이로다

형상 없는 경계의 저 언덕에 이미 오르고
아름다운 모습으로 장엄한 몸을 나타내어
때를 떠난 일천 광명 멀리 놓아서
마군들을 부수어 없애 버렸도다.

모든 형상에서 형상이 본래 없는 이치를 안다면 아름다
운 모습으로 장엄한 몸을 나타내게 된다. "몸이 없음을 보
되 온갖 아름다운 형상을 갖춘다."[1]라는 말이 있다. 여래는
그와 같은 분이다. 또 여래는 청정한 일천 개의 진리의 광명
을 놓아 일체 마군을 깨뜨려 버린다.

시 방 소 유 제 세 계　　　　실 능 진 동 무 유 여
十方所有諸世界를　**悉能震動無有餘**하사대

미 증 공 포 일 중 생　　　　선 서 위 신 력 여 시
未曾恐怖一衆生하시니　**善逝威神力如是**로다

---

1) 監無身而具相 - 영명연수『萬善同歸集』

시방에 널려 있는 모든 세계를
모두 능히 진동하여 남음 없지만
한 중생도 두렵게 하지 않으시니
선서善逝의 위신력이 이와 같도다.

부처님이 놓으시는 그 광명, 부처님이 세상에 출현하신
그 사실, 그 진리의 가르침, 온 우주에 두루 하고 시방세계
에 두루 하지만 한 중생도 두렵게 하지 않는다. 이것이 부처
님의 위신력이다.

허공 법 계 성 평 등   이 능 여 시 이 안 주
虛空法界性平等에   已能如是而安住하사대
일 체 함 생 무 수 량   함 령 멸 악 제 중 구
一切含生無數量을   咸令滅惡除衆垢로다

온 허공 모든 법계 성품이 평등하여
이미 능히 이와 같이 편안히 머물러
일체 중생 그 숫자 한량없는데
나쁜 일은 소멸하고 모든 번뇌 없앴도다.

여래는 모든 우주법계와 더불어 그 성품이 평등하다. 즉 우주법계의 본성품이 곧 여래의 본성품이다. 여래는 우주법계와 그렇게 안주한다. 우주법계와 더불어 그렇게 안주하면서 일체 중생의 나쁜 일을 다 소멸하고 온갖 번뇌를 다 제거한다.

고 행 근 로 무 수 겁　　　성 취 최 상 보 리 도
苦行勤勞無數劫하사　成就最上菩提道하시니

어 제 경 계 지 무 애　　　여 일 체 불 동 기 성
於諸境界智無礙하사　與一切佛同其性이로다

고행하고 애쓰기가 수가 없는 겁劫

가장 높은 보리도를 성취하시고

모든 경계를 아는 지혜 걸림이 없어

일체 모든 부처님과 성품 같도다.

여래는 무수한 겁 동안 고행과 노력과 정진으로 가장 높은 깨달음을 성취하였다. 그래서 모든 경계를 아는 걸림 없는 지혜를 증득하였다. 그러고는 일체 모든 부처님과 그 성품이 하나가 되었다. 여래의 덕을 이와 같이 간단히 설하고 다음에는 법문을 청한다.

(2) 법문을 청하다

도 사 방 차 대 광 명　　　진 동 시 방 제 세 계
導師放此大光明하사　**震動十方諸世界**하사

이 현 무 량 신 통 력　　　이 부 환 래 입 아 신
已現無量神通力하시고　**而復還來入我身**이로다

도사導師께서 이러한 큰 광명 놓아

시방의 모든 세계 진동케 하며

한량없는 신통력을 이미 나타내시어

다시 와서 저의 몸에 들게 했도다.

여래가 광명을 놓아서 시방을 다 진동시키고 한량없는 신통을 나타내신 뒤 여래성기묘덕보살의 몸으로 들어가서 여래 출현의 법을 청하도록 한 것을 밝혔다.

결 정 법 중 능 선 학
決定法中能善學한

무 량 보 살 개 래 집
無量菩薩皆來集하야

영 아 발 기 문 법 심
令我發起問法心일새

시 고 아 금 청 법 왕
是故我今請法王하노이다

결정한 법문들을 모두 잘 배운

한량없는 보살들이 다 모여 와서

나에게 법문 물을 마음을 일으키게 하니

그러므로 내가 지금 법왕法王께 청하옵니다.

공부를 많이 하고 수행이 깊은 수많은 보살들이 다 모여 와서 여래성기묘덕보살에게 법문 물을 마음을 일으키게 하였다. 그래서 부처님께 여래 출현의 법을 청하는 것이다. 뒤의 경문에서 여래는 다시 입으로 광명을 놓아 보현보살의 입으로 들어가게 하여 보현보살로 하여금 여래를 대신하여 여래 출현의 법을 설하기를 은근히 보였다.

금 차 중 회 개 청 정
今此衆會皆淸淨하야

선 능 도 탈 제 세 간
善能度脫諸世間하며

지혜 무변 무염 착　　　여시 현 승 함 래 집
智慧無邊無染着하니　　**如是賢勝咸來集**이니이다

지금 여기 모인 대중들 모두 훌륭하며

모든 세간 중생들을 해탈케 하며

지혜가 그지없고 물들지 않은

이와 같은 성현들이 모였습니다.

법이 높으면 듣는 대중들의 수준도 높아야 한다. 지금 여기에 모인 대중은 매우 뛰어나고 훌륭한 이들이라는 것을 밝혀서 높은 법을 설해도 잘 이해할 수 있음을 드러내었다. 말은 들을 만한 상대에게 해야 한다. 말을 들을 만한 상대가 아닌데 말을 하면 말을 잃어버리고, 들을 만한 상대가 있는데도 말을 하지 않으면 사람을 잃어버린다.

이 익 세 간 존 도 사　　　지 혜 정 진 개 무 량
利益世間尊導師가　　**智慧精進皆無量**하사

금 이 광 명 조 대 중　　　영 아 문 어 무 상 법
今以光明照大衆하사　　**令我問於無上法**하시니

세상을 이익하게 하는 존귀하신 도사께서

지혜와 정진이 한량이 없고

지금 광명으로 대중들을 비추시어서

나를 시켜 위없는 법 묻게 하십니다.

지혜와 정진이 한량이 없어서 세상을 이익하게 하는 존귀한 도사께서 지금 이렇게 광명을 놓아 대중들을 비추시니 그 광명을 본 대중들이 여래성기묘덕보살을 시켜서 가장 높은 법문을 묻게 한다는 뜻을 밝혔다.

수 어 대 선 심 경 계
誰於大仙深境界에

이 능 진 실 구 개 연
而能眞實具開演이며

수 시 여 래 법 장 자
誰是如來法長子니잇고

세 간 존 도 원 현 시
世間尊導願顯示하소서

누가 능히 큰 신선의 깊은 경계를

진실하고 구족하게 연설하오며

어느 누가 여래의 장자입니까

세간의 도사께서 보여 주소서.

누가 능히 큰 신선의 깊은 경계를 진실하고 구족하게 연설할까? 그것을 할 분은 보현보살이다. 어느 누가 여래의 장자인가? 그 또한 보현보살이다. 흔히 보현보살을 여래의 장자라 하고 문수보살을 여래의 소남少男, 즉 작은 동생이라고 한다.

3) 여래가 입으로부터 광명을 놓다

이시 여래 즉어구중 방대광명 명무
爾時에 如來가 卽於口中에 放大光明하시니 名無

애무외 백천억아승지광명 이위권속
礙無畏라 百千億阿僧祇光明으로 以爲眷屬하야

이때에 여래께서 곧 입으로 큰 광명을 놓으시니 이름이 '걸림 없고 두려움 없음'이요, 백천억 아승지 광명으로 권속이 되었습니다.

여래가 다시 입으로부터 큰 광명을 놓았다. 입으로 놓는 광명은 설법을 의미하는 광명이다. 그러나 여래가 스스로 설

하지 않고 보현보살에게 비춰서 보현보살이 대신 설하도록
하였다.

보 조 시 방 진 허 공 등 법 계 일 체 세 계   우 요 십
普照十方盡虛空等法界一切世界하사 **右遶十**

잡   현 현 여 래 종 종 자 재
币하며 **顯現如來種種自在**하며

시방의 온 허공과 같은 법계에 있는 일체 세계를 비
추어서 오른쪽으로 열 번을 돌아서 여래의 갖가지 자유
자재함을 나타내었습니다.

시방의 허공과 법계의 일체 세계를 널리 비추고는 오른쪽
으로 열 번을 돌아 완전하고도 원만한 법이 설해질 것을 보
였다. 그리고 먼저 여래의 가지가지 자유자재함을 나타내
었다.

개 오 무 량 제 보 살 중   진 동 일 체 시 방 세 계
開悟無量諸菩薩衆하야 **震動一切十方世界**하며

제멸일체제악도고　　영폐일체제마궁전
除滅一切諸惡道苦하며 **映蔽一切諸魔宮殿**하며

　한량없는 모든 보살 대중을 깨우치며, 일체 시방세계를 진동시키며, 일체 모든 나쁜 길의 고통을 없애고, 모든 마군의 궁전을 가리었습니다.

　그 광명이 다음으로는 한량없는 보살 대중을 깨닫게 하였으며, 시방세계를 진동시키며 일체 모든 악한 길을 소멸해 버렸다. 또 일체 모든 마군의 궁전을 가려 버렸다.

현시일체제불여래　　좌보리좌　　성등정각
顯示一切諸佛如來가 **坐菩提座**하야 **成等正覺**

급이일체도량중회
과 **及以一切道場衆會**하며

　일체 모든 여래께서 보리좌에 앉으시어 바른 깨달음 이루는 일과 모든 도량에 모인 대중을 나타내 보이었습니다.

진리의 가르침이라는 광명을 인하여 여래가 보리수나무 밑에 앉아서 정각을 이루는 일과 여래의 법과 그 법을 따르고 수행하는 대중들을 알게 되었다.

作是事已_{하고} 而來右遶菩薩衆會_{하야} 入普賢

菩薩摩訶薩口_{하신대}

이러한 일을 하고 나서 다시 와서 보살 대중을 오른쪽으로 돌고는 보현보살마하살의 입으로 들어갔습니다.

광명이 이와 같은 일을 하고 나서 보살 대중을 오른쪽으로 돌고는 보현보살의 입으로 들어갔다. 즉 보현보살이 여래를 대신해서 여래 출현의 법을 설할 것임을 나타내 보인 것이다.

기광   입이   보현보살신   급사자좌   과어
其光이 **入已**에 **普賢菩薩身**과 **及獅子座**가 **過於**

본시   급제보살신좌백배   유제여래사자지좌
本時와 **及諸菩薩身座百倍**요 **唯除如來獅子之座**

러라

그 광명이 들어간 뒤에는 보현보살의 몸과 사자좌가 본래 있던 것보다 백 곱절 뛰어넘고, 또 다른 보살의 몸이나 자리보다도 백 곱절 뛰어넘었으나, 오직 여래의 사자좌는 제외되었습니다.

여래의 광명이 보현보살의 입으로 들어간 뒤에 보현보살의 몸과 사자좌가 본래 있던 것보다 백 곱절 뛰어넘어서 여래의 사자좌와 동등하게 된 것은 모든 지혜와 설법이 여래와 동등하여 여래 출현의 법을 설하는 데 아무런 문제가 없음을 나타낸 것이다. 만약 그렇지 않다면 보살이 어찌 여래 출현의 법을 설할 수 있겠는가. 이치에 맞지 않는 일이다.

4) 여래가 출현하는 법을 설하다

이 시　　여래성기묘덕보살　　문보현보살마
爾時에 **如來性起妙德菩薩**이 **問普賢菩薩摩**

하살 언　　불자　불소시현광대신변　영제
訶薩言하사대 **佛子**야 **佛所示現廣大神變**이 **令諸**

보살　개생환희　　불가사 의　세막능지　시
菩薩로 **皆生歡喜**하나니 **不可思議**라 **世莫能知**니 **是**

하 서 상
何瑞相이니잇고

이때에 여래성기묘덕보살이 보현보살마하살에게 물었습니다. "불자여, 부처님께서 나타내 보이시는 광대한 신통변화가 모든 보살들에게 기쁨을 내게 하시며, 불가사의하여 세상이 알 수 없사오니 이것은 어떠한 상서祥瑞입니까?"

여래성기묘덕보살이 누가 이 법을 설할 것인지를 잘 알고는 보현보살마하살에게 광명을 놓은 상서의 일에 대하여 물었다.

보현보살마하살 언 불자 아어왕석
普賢菩薩摩訶薩이 言하사대 佛子야 我於往昔에

견 제 여래 응 정 등 각 시 현 여 시 광 대 신 변 즉
見諸如來應正等覺이 示現如是廣大神變에 卽

설여래출현법문 여아유촌 금현차상
說如來出現法門이러시니 如我惟忖컨댄 今現此相

당 설 기 법
하시니 當說其法이로다

보현보살마하살이 대답하였습니다. "불자여, 내가
지난 옛적에 여래 응공 정등각을 뵈오니, 이와 같이 광대
한 신통변화를 보이시고는 곧 여래가 출현하는 법문을 말
씀하시었습니다. 내 생각에는 지금 이러한 현상을 나타
내시니 마땅히 그 법을 말씀하실 것입니다."

고인의 말씀에 "한 가지 일을 경험하지 않으면 한 가지
지혜가 자라지 않는다[不經一事 不長一智]."고 하였다. 보현보
살은 과거 지난 옛적에 여래께서 이와 같은 광대한 신통변화
를 보이시고는 곧 여래가 출현하는 법문을 말씀하셨던 일을
경험하였다. 그래서 지금 이와 같은 상서를 보니 분명히 여
래 출현의 법을 설하게 될 것이라고 말씀하신 것이다.

설시어시　일체대지　실개진동　출생무
說是語時에 **一切大地**가 **悉皆震動**하고 **出生無**

량 문 법 광 명
量問法光明하니라

　이런 말을 할 적에 일체 대지大地가 모두 진동하며 한
량없는 법을 묻는 광명을 내었습니다.

　보현보살이 이 말을 마치자 곧 모든 땅이 진동하여 한량
없는 법을 묻는 광명을 내었다. 대지가 광명을 내는 일은 흔
치 않다. 그런데 여기에서 그와 같은 광명을 내었다.

2. 여래성기묘덕보살이
보현보살에게 법을 묻다

1) 여래가 출현하는 법을 묻다

(1) 대중들이 들을 수 있음을 찬탄하다

時에 性起妙德菩薩_이 問普賢菩薩言_{하사대} 佛

子_야 菩薩摩訶薩_이 應云何知諸佛如來應正等

覺_의 出現之法_{이니잇고} 願爲我說_{하소서}

그때에 성기묘덕보살이 보현보살에게 물었습니다.
"불자여, 보살마하살은 어떻게 해야 부처님 여래 응공
정등각이 출현하시는 법을 아십니까. 원컨대 저에게 말
씀하여 주십시오."

여래성기묘덕보살이 보현보살에게 여래 출현의 법을 묻고 자신을 위해서 설해 주실 것을 원하였다.

불자야 차제무량백천억나유타보살중회
佛子야 **此諸無量百千億那由他菩薩衆會**가

개구수정업 염혜성취 도어구경대장엄
皆久修淨業하야 **念慧成就**하야 **到於究竟大莊嚴**

안 구일체불위의지행 정념제불 미증
岸하며 **具一切佛威儀之行**하며 **正念諸佛**하야 **未曾**

망실
忘失하며

"불자여, 이 모든 한량없는 백천억 나유타 보살 대중은 다 오래전부터 깨끗한 업을 닦아 지혜를 성취하였고, 구경에는 크게 장엄한 언덕에 이르렀으며, 모든 부처님의 위의의 행을 갖추었고, 모든 부처님을 바르게 생각하여 잊지 않았습니다."

여래 출현의 높고 높은 법을 들을 수 있는 근기들이 모였음을 말하였다. 그 보살들은 오래전부터 깨끗한 업을 닦아 지혜를 성취하였고, 구경에는 크게 장엄한 언덕에 이르렀고, 모든 부처님의 위의의 행을 갖추었고, 모든 부처님을 바르게 생각하여 잊지 않는다고 밝혔다.

대 비 관 찰 일 체 중 생　　결 정 요 지 제 대 보 살 신
大悲觀察一切衆生하며 **決定了知諸大菩薩神**

통 경 계　　이 득 제 불 신 력 소 가　　능 수 일 체 여
通境界하며 **已得諸佛神力所加**하야 **能受一切如**

래 묘 법　　구 여 시 등 무 량 공 덕　　개 이 래 집
來妙法이니 **具如是等無量功德**이 **皆已來集**이니이다

"큰 자비로 모든 중생을 관찰하고, 여러 큰 보살의 신통한 경계를 분명하게 알며, 이미 모든 부처님의 신통한 힘으로 가피加被함을 얻었고, 모든 여래의 미묘한 법을 받게 되었으니, 이와 같은 한량없는 공덕을 갖춘 이들이 모두 이미 와서 모였습니다."

그뿐만 아니라 그 보살들은 큰 자비로 모든 중생을 관찰하고, 여러 큰 보살의 신통한 경계를 분명하게 알며, 이미 모

든 부처님의 신통한 힘으로 가피함을 얻었다는 등의 수준을
갖춘 이들이라고 하였다.

(2) 법을 설하는 이의 덕을 찬탄하다

불 자　여 이 증 어 무 량 백 천 억 나 유 타 불 소　　승
佛子야 **汝已曾於無量百千億那由他佛所**에 **承**

사 공 양　　성 취 보 살 최 상 묘 행
事供養하며 **成就菩薩最上妙行**하며

"불자여, 그대는 이미 한량없는 백천억 나유타 부처
님을 받들어 섬기고 공양하여 보살의 가장 높고 묘한
행을 성취하였으며,

여기에서 그대란 보현보살을 지칭한다. 여래 출현의 법
을 설하게 될 보현보살의 여러 가지 수행과 공덕을 찬탄하
여 듣는 이들로 하여금 믿고 따르게 하였다.

어 삼 매 문　　개 득 자 재　　　입 일 체 불 비 밀 지 처
於三昧門에 **皆得自在**하며 **入一切佛秘密之處**하며

삼매의 문에 모두 자유자재함을 얻고, 모든 부처님
의 비밀한 곳에 들어갔으며

지 제 불 법　　　단 중 의 혹
知諸佛法하며 **斷衆疑惑**하며

모든 부처님의 법을 알아 여러 가지 의혹을 끊었으며

위 제 여 래 신 력 소 가
爲諸如來神力所加하며

모든 여래의 신통한 힘으로 가피하심을 받았고

지 중 생 근　　　수 기 소 락　　　위 설 진 실 해 탈 지
知衆生根하며 **隨其所樂**하야 **爲說眞實解脫之**

법
法하며

중생의 근기를 알며, 그들이 좋아하는 바를 따라서
그들을 위하여 진실하게 해탈하는 법을 말하며

수순불지　연설불법　도어피안　유여
隨順佛智하야 **演說佛法**하야 **到於彼岸**이라 **有如**

시등무량공덕
是等無量功德하시니

부처님의 지혜를 따라 불법을 연설하며, 저 언덕에
이르게 하는 이와 같은 한량없는 공덕을 가지었습니다."

또 삼매의 문에 모두 자유자재함을 얻고, 모든 부처님의
비밀한 곳에 들어갔으며, 모든 부처님의 법을 알아 여러 가
지 의혹을 끊었다는 등의 한량없는 공덕을 지니었다고 밝
혔다.

선재불자　원설여래응정등각출현지법
善哉佛子여 **願說如來應正等覺出現之法**과

신상　　언음　　심의　　경계　　소행지행　　성도
身相과 **言音**과 **心意**와 **境界**와 **所行之行**과 **成道**와

전법륜　　내지시현입반열반　　견문친근소생
轉法輪과 **乃至示現入般涅槃**과 **見聞親近所生**

선근　　　여시등사　　원개위설
善根하사 **如是等事**를 **願皆爲說**하소서

"훌륭하십니다, 불자여. 원컨대 여래 응공 정등각이
출현하는 법과, 몸의 모습과, 음성과, 마음과, 경계와,
닦는 행行과, 도道를 이루심과, 법륜法輪을 굴리심과, 내
지 열반에 드심을 나타내 보임과, 보고 듣고 친근하여
생기는 착한 뿌리의 이와 같은 등의 일을 다 말씀하여
주십시오."

여래가 출현하는 법을 열 가지로 나누어 질문하였다. 그
것은 곧 출현[誕生]하는 법과, 신업身業인 몸의 모습과, 어업語
業인 음성과, 의업意業인 마음과, 경계와, 닦는 행行과, 도道를
이루심과, 법륜法輪을 굴리심과, 열반에 드심과, 보고 듣고
친근하여 생기는 선근善根이다. 이 열 가지 법을 무려 세 권에
걸쳐서 설하였다.

2) 게송으로 거듭 청하다

(1) 법을 들어서 따로 청하다

時에 如來性起妙德菩薩이 欲重明此義하사 向

普賢菩薩하야 而說頌曰

그때에 여래성기묘덕보살이 그 뜻을 거듭 밝히려고
보현보살을 향하여 게송을 설하였습니다.

모든 경문에 장문이 있고 다음에 게송으로 거듭 그 뜻을
밝히는 형식을 갖춘 것으로는 이 여래출현품이 가장 완벽하
다. 앞에서도 여래가 광명을 놓은 설명이 장문으로 설해지
고 곧바로 게송이 있었다. 보현보살에게 법을 청하는 내용
도 장문이 있고 곧바로 게송으로 거듭 청하였다. 여래출현
품은 끝까지 이와 같이 되어 있다. 이러한 경전 구성도 빼놓
을 수 없이 훌륭한 모습이다.

선 재 무 애 대 지 혜　　　선 각 무 변 평 등 경
善哉無礙大智慧여　**善覺無邊平等境**이시니

원 설 무 량 불 소 행　　　불 자 문 이 개 흔 경
願說無量佛所行하소서 **佛子聞已皆欣慶**하리이다

훌륭하십니다, 걸림 없는 큰 지혜시여.

그지없는 평등한 경계를 잘 깨달았으니

한량없는 부처님의 행하신 바를 말씀하소서.

불자들이 듣고서는 기뻐하리이다.

　보현보살의 덕을 찬탄하는 내용인데 법을 들어서 찬탄
하였다. "걸림 없는 큰 지혜로 그지없는 평등한 경계를 잘 깨
달으셨으니, 한량없는 부처님의 행하신 바 열 가지 일에 대
해서 연설해 주십시오. 저희 부처님 제자들은 듣게 되면 매
우 기뻐할 것입니다."

보 살 운 하 수 순 입　　　제 불 여 래 출 흥 세
菩薩云何隨順入　　　**諸佛如來出興世**며

운 하 신 어 심 경 계　　　급 소 행 처 원 개 설
云何身語心境界와　　**及所行處願皆說**하소서

모든 부처님 여래께서 세상에 나심을

보살들은 어떻게 따라 들어가며

어떤 것이 몸과 말과 마음과 경계며

행하시던 곳인지 말씀하소서.

운 하 제 불 성 정 각 운 하 여 래 전 법 륜
云何諸佛成正覺이며 云何如來轉法輪이며

운 하 선 서 반 열 반 대 중 문 이 심 환 희
云何善逝般涅槃이니잇고 大衆聞已心歡喜하리이다

어떻게 부처님들 정각 이루고

어떻게 여래께서 법륜 굴리며

어떻게 선서께서 열반 드시었는지

대중들이 들으면 기뻐하리이다.

약 유 견 불 대 법 왕 친 근 증 장 제 선 근
若有見佛大法王하고 親近增長諸善根이니

원 설 피 제 공 덕 장 중 생 견 이 하 소 획
願說彼諸功德藏하소서 衆生見已何所獲이니잇고

만약 부처님 대법왕大法王을 뵈옵거나

친근하면 착한 뿌리 증장하는 일,

원컨대 저런 공덕 말씀하소서.

중생들이 뵈옵고는 무엇을 얻습니까.

먼저 어떻게 하면 여래 출현의 세계에 수순해 들어갈 수 있는가를 묻고 여래 출현의 일을 하나하나 들어서 게송으로 다시 물었다. 다시 복습하자면 출현[誕生]하는 법과, 신업身業인 몸의 모습과, 어업語業인 음성과, 의업意業인 마음과, 경계와, 닦는 행行과, 도道를 이루심과, 법륜法輪을 굴리심과, 열반에 드심과, 보고 듣고 친근하여 생기는 선근善根 등이다.

약 유 득 문 여 래 명

若有得聞如來名하며

어 피 복 장 생 심 신

於彼福藏生深信하면

약 현 재 세 약 열 반

若現在世若涅槃에

유 하 등 리 원 선 설

有何等利願宣說하소서

만일 누가 여래 이름 얻어 듣거나

부처님 계실 때나 열반한 뒤나

저 복^福의 창고에 깊은 믿음 내는 이에겐
어떤 이익 있는지 말씀하소서.

불교에 귀의하고, 불교를 믿고, 불교를 공부하고, 불법
을 수행하고, 불법을 깨달아 증득하고, 다시 몸소 실천하는
이와 같은 모든 불교적인 일은 여래가 세상에 출현하는 문
제를 설명하는 데 다 포함된다. 그러므로 반복해서 설해 줄
것을 청한 것이다.

(2) 덕을 찬탄하고 법을 청하다

차 제 보 살 개 합 장　　　첨 앙 여 래 인 급 아
此諸菩薩皆合掌하고　**瞻仰如來仁及我**하나니

대 공 덕 해 지 경 계　　　정 중 생 자 원 위 설
大功德海之境界인　**淨衆生者願爲說**하소서

이 모든 보살들이 합장하고
여래와 어지신 이와 저를 쳐다보나니
큰 공덕 바다와 같은 경계를
중생을 교화하시는 이여, 말씀하소서.

보살 대중은 여래와 보현보살과 성기묘덕보살을 바라보면서 큰 공덕 바다와 같은 경계를 설해 주시기를 바라고 있음을 밝혔다.

원 이 인 연 급 비 유　　　연 설 묘 법 상 응 의
願以因緣及譬喩로　　**演說妙法相應義**하소서

중 생 문 이 발 대 심　　　의 진 지 정 여 허 공
衆生聞已發大心하야　**疑盡智淨如虛空**하리이다

원컨대 인연이나 또는 비유로
묘한 법과 맞는 뜻을 연설하소서.
중생들이 들으면 큰 마음 내어
의심은 사라지고 지혜는 맑아 허공 같을 것입니다.

부처님의 설법이나 보살들의 설법이나 조사나 선지식들의 설법은 그 형식이 참으로 다양하다. 그러나 가장 빈번하게 사용되는 것이 인연의 이치다. 그리고 비유를 들어 그 뜻을 더욱 분명하게 한다. 그래서 인연과 비유로써 미묘한 법을 연설하여 주기를 청한 것이다.

화엄경은 대심大心중생을 위한 설법이라고 한다. 마음이 큰 중생을 위해서 설했기 때문에 마음이 큰 중생들이 들으면 큰 마음을 내게 되리라는 것이다. 큰 마음이란 보리심이며 불심이며 지혜와 자비의 마음이다. 이와 같은 마음은 경계가 없고 차별이 없는 텅 빈 허공과 같은 마음이다.

여 변 일 체 국 토 중　　　　제 불 소 현 장 엄 신
如徧一切國土中한　　　**諸佛所現莊嚴身**하야

원 이 묘 음 급 인 유　　　　시 불 보 리 역 여 피
願以妙音及因喩로　　　**示佛菩提亦如彼**하소서

온 국토에 가득한 모든 부처님
훌륭하게 장엄한 몸 나타내어서
묘한 음성으로 인연과 비유를 들어
부처님의 보리를 그와 같이 보이소서.

부처님은 온 법계에 충만하다. 산천초목 그대로가 아름답게 장엄한 부처님의 몸이다. "원컨대 아름다운 음성으로 인연과 비유를 들어 부처님의 깨달음을 보여 주십시오."

시 방 천 만 제 불 토
十方千萬諸佛土와

억 나 유 타 무 량 겁
億那由他無量劫에

여 금 소 집 보 살 중
如今所集菩薩衆을

어 피 일 체 실 난 견
於彼一切悉難見이라

시방의 천만 국토에서도

억 나유타 한량없는 오랜 겁에도

지금 여기 모인 보살 대중을

어디서도 이 모두를 만나기 어려우리라.

법을 설하는데 훌륭한 청중을 만나는 것은 어려운 일이
다. 이곳에는 청중으로 무수한 보살들이 가득하다. 어떤 장
소든 어떤 시간이든 이와 같은 청중을 만나기란 쉽지 않을
것이다. 이제 높고 귀한 법을 설하기만 하면 메마른 땅에 단
비가 스며들 듯이 가르침을 잘 받아들일 것이다.

차 제 보 살 함 공 경
此諸菩薩咸恭敬하야

어 미 묘 의 생 갈 앙
於微妙義生渴仰하나니

원 이 정 심 구 개 연　　　　여 래 출 현 광 대 법
願以淨心具開演　　　　如來出現廣大法하소서

이러한 모든 보살이 공경하옵고

미묘하고 깊은 이치 갈망하오니

여래의 출현하는 광대한 법문을

청정한 마음으로 모두 연설하소서.

　홀륭한 보살들이 공경하는 마음으로 미묘하고 깊은 이치를 갈망하고 있다. 여래 출현의 광대한 법문을 청정한 마음으로 모두 연설하여 주시기를 간곡히 청하였다.

3. 보현보살이 법을 설하다

1) 여래가 출현하는 법상法相을 답하다

(1) 여래는 열 가지 한량없는 아승지 일로써 출현한다

이 시   보현보살마하살   고 여래성 기 묘 덕
爾時에 **普賢菩薩摩訶薩**이 **告如來性起妙德**

등 제 보 살 대 중 언   불 자   차 처   불 가 사 의
等諸菩薩大衆言하사대 **佛子**야 **此處**가 **不可思議**니

소 위 여 래 응 정 등 각   이 무 량 법   이 득 출 현
所謂如來應正等覺이 **以無量法**으로 **而得出現**이라

　　그때에 보현보살마하살이 여래성기묘덕보살과 여러
보살 대중에게 말하였습니다. "불자여, 이 일은 불가사
의하나니, 이른바 여래 응공 정등각께서는 한량없는 법
으로써 출현하시느니라."

이제 비로소 보현보살이 여래 출현의 법을 설하게 된다.
열 가지 법 중에 먼저 여래가 탄생하는 법상, 즉 세상에 출현
하는 법에 대해서 답한다. 여래가 세상에 출현하는 것은 어
떤 한 가지 인연이나 한 가지 일로써 출현하는 것이 아니다.
여래는 열 가지 한량없는 아승지 일로써 출현한다.

何以故ｏ 非以一緣이며 非以一事로 如來出現이

而得成就요 以十無量百千阿僧祇事로 而得成就니

"왜냐하면 한 가지 인연이나 한 가지 사실로써 여래
출현이 성취되는 것이 아니고, 열 가지 한량없는 백천
아승지 일로써 성취하느니라."

何等이 爲十고 所謂過去無量攝受一切衆生

菩提心所成故며

"무엇이 열인가. 이른바 과거 한량없이 일체 중생을 거두어 주려는 보리심으로 성취된 연고이니라."

여래가 열 가지 한량없는 아승지 일로써 출현하는 것을 낱낱이 밝혔다. 모든 일에 오늘의 일이 있는 것은 어제의 일이 있었기 때문이며, 오늘의 내 인생이 있는 것은 지난날의 내 인생이 있었기 때문이다. 여래께서 그와 같은 여래의 모습으로 이 세상에 출현하는 일이야 말해 무엇하겠는가. 실로 과거 무수하고, 무량하고, 무변하고, 불가사의한 아승지 일이 있어서 오늘날 이와 같은 모습으로 출현하신 것이다.

먼저 과거 한량없이 일체 중생을 거두어 주려는 보리심으로 인하여 출현하셨다. 중생들을 거두어 주고 교화하고 제도하려는 마음이 없었다면 부처님이 어떻게 이 세상에 오셨겠는가.

과 거 무 량 청 정 수 승 지 락 소 성 고
過去無量淸淨殊勝志樂所成故며

"과거 한량없이 청정하고 수승한 뜻의 즐거움으로

성취된 연고이니라."

여래와 같은 위대한 성인이 출현하는데 어찌 소인배와 같은 시시하고 못난 뜻으로 될 수 있겠는가. 청정하고 수승한 뜻이 한량이 없어야 가능한 일이다.

과 거 무 량 구 호 일 체 중 생 대 자 대 비 소 성 고
過去無量救護一切衆生大慈大悲所成故며

"과거 한량없이 일체 중생을 구호하려는 대자대비로 성취된 연고이니라."

일체 중생에게 만약 고통이 있으면 그 고통을 없애 주고 편안하고 즐거운 일은 되도록 많이 주려고 하는 큰 사랑과 크게 가엾이 여기는 한량없는 마음으로 여래는 세상에 출현하신 것이다.

과 거 무 량 상 속 행 원 소 성 고
過去無量相續行願所成故며

"과거 한량없이 계속하는 행行과 원願으로 성취된 연고이니라."

또 여래는 한두 번의 행과 원으로 이 세상에 오신 것이 아니다. 과거 한량없는 세월 동안 계속해서 일으킨 행과 원의 인연으로 이 세상에 출현하신 것이다.

과 거 무 량 수 제 복 지 심 무 염 족 소 성 고
過去無量修諸福智心無厭足所成故며

"과거 한량없이 모든 복덕과 지혜를 닦으면서 싫어할 줄 모르는 마음으로 성취된 연고이니라."

부처님을 두 가지가 만족한 분[兩足尊]이라고 한다. 두 가지란 지혜와 복덕이다. 이 지혜와 복덕을 닦지 않고 어떻게 부처님이 될 수 있겠는가. 사람 사람마다 본래 다 갖춘 지혜와 복덕이지만 오랜 세월의 수행을 통해서 밖으로 드러나야 한다.

과 거 무 량 공 양 제 불   교 화 중 생 소 성 고
過去無量供養諸佛하고 **教化衆生所成故**며

"과거 한량없이 부처님께 공양하고 중생을 교화함으
로 성취된 연고이니라."

여래가 여래로서 이 세상에 출현하신 것은 과거 한량없이
부처님께 공양하고 중생을 교화함으로 이뤄진 것이다. 모든
사람 모든 생명을 부처님으로 받들어 섬기며 공양 공경하고
존중 찬탄하여 이뤄진 일이다. 또 무수한 고통받는 중생들
을 교화하고 가르쳐서 진리의 삶을 살도록 하였기 때문에
이뤄진 일이다.

과 거 무 량 지 혜 방 편 청 정 도 소 성 고
過去無量智慧方便清淨道所成故며

"과거 한량없는 지혜와 방편과 청정한 도道로써 성취
된 연고이니라."

또 부처님이 이 세상에 출현하는 데는 한량없는 지혜가

필요하고, 한량없는 방편이 동원되고, 한량없는 청정한 도를 닦아야 가능한 일이다.

　　　　　과 거 무 량 청 정 공 덕 장 소 성 고
　　　　過去無量淸淨功德藏所成故며

　　"과거 한량없이 청정한 공덕장功德藏으로 성취된 연고이니라."

　　무엇보다 청정한 공덕을 많이 쌓아야 여래로서 세상에 출현할 수 있다. 작은 일을 이루려 하더라도 공덕을 쌓지 않고는 될 수 없다.

　　　　　과 거 무 량 장 엄 도 지 소 성 고
　　　　過去無量莊嚴道智所成故며

　　"과거 한량없이 장엄한 도의 지혜로 성취된 연고이니라."

도가 없고 또 지혜가 없고서야 어찌 여래가 세상에 출현할 수 있었겠는가. 과거 한량없이 장엄한 도의 지혜로 여래가 출현하신 것이다.

과 거 무 량 통 달 법 의 소 성 고
過去無量通達法義所成故라

"과거 한량없이 통달한 법과 이치로 성취된 연고이니라."

무슨 일이든지 모든 존재의 법과 이치를 깊이 통달하여야 한다. 예컨대 국화꽃 한 송이가 피는 이치도 작은 인연이 아니다. 어쩌면 온 우주가 다 동원되고, 과거 현재 미래라는 모든 시간이 다 동원되었을 것이다. 그래서 서정주 시인의 시 '국화 옆에서'를 다시 생각해 본다.

국화 옆에서

서정주

한 송이의 국화꽃을 피우기 위해
봄부터 소쩍새는
그렇게 울었나 보다.

한 송이의 국화꽃을 피우기 위해
천둥은 먹구름 속에서
또 그렇게 울었나 보다.

그립고 아쉬움에 가슴 조이던
머언 먼 젊음의 뒤안길에서
이제는 돌아와 거울 앞에 선
내 누님같이 생긴 꽃이여

노오란 네 꽃잎이 피려고
간밤엔 무서리가 저리 내리고
내게는 잠도 오지 않았나 보다.

그렇다. 어찌 한두 가지 인연과 사실로써 국화꽃이 필 수 있었겠는가. 우주 삼라만상과 모든 시간이 다 동원되었을 것이다.

불자 여시무량아승지법문 원만 성어
佛子야 如是無量阿僧祇法門이 圓滿하야 成於
여래
如來시니라

"불자여, 이와 같이 한량없는 아승지 법문이 원만하여 여래를 이루느니라."

일체 존재와 산천초목과 두두물물 하나하나가 모두 무수한 인연과 무수한 사실로써 이 세상에 출현하였다. 저 빗방울 하나가 그렇고, 풀잎 하나가 그렇고, 작은 미세먼지 하나가 그렇다. 잘나고 못나고 잘살고 못사는 일체 일이 역시 낱낱이 무수한 인연과 무수한 사실이 있어서 그렇게 된 것이다. 어찌 한두 가지 인연과 한두 가지 사실로 그렇게 되었겠는가. 참으로 신기하고도 미묘한 이치이다.

이런 명언이 있다.

전생의 일을 알고자 하는가.　　欲知前生事

금생에 받는 것이 곧 그것이다.　　今生受者是

내생의 일을 알고자 하는가.　　欲知來生事

금생에 하는 일이 곧 그것이다.　　今生作者是

여래로 태어나고 싶으면 여래가 될 일을 하면 된다. 자신
이 지은 일의 결과는 그 누구도 빼앗아 가지 못한다.

(2) 여래 출현의 열 가지 비유

1〉 여래 출현의 제1상相의 비유

불자야　비여삼천대천세계가　비이일연이며　비
佛子야　譬如三千大千世界가　非以一緣이며　非

이일사로　이득성취요　이무량연무량사로　방내득
以一事로　而得成就요　以無量緣無量事로　方乃得

성
成이니

"불자여, 비유컨대 삼천대천세계가 한 가지 인연이나 한 가지 사실로써 이루어지는 것이 아니고 한량없는 인연과 한량없는 사실로써 이루어지느니라."

여래가 세상에 출현하는 일은 한 가지 인연과 한 가지 사실로 이루어지는 것이 아니라 한량없는 아승지 인연과 한량없는 아승지 사실로써 이루어지는 것이다. 그러나 단순히 이렇게만 말하면 이해하기 어렵다. 그래서 열 가지 비유[2]를 들어 그 인연과 그 사실들을 밝히는 것이다.

여래출현품에서는 여래가 세상에 출현하는 일이 한 가지 인연과 한 가지 사실로써 이루어지는 것이 아니고 한량없는 인연과 한량없는 사실로써 이루어지는 것임을 밝혔으나 이는 단순히 여래만의 일이 아니고 모든 사람 모든 생명이 다 그와 같으며, 천지만물 하나하나가 모두 그와 같은 무수한 인연과 무수한 사실로써 이루어졌다는 것을 의미하고 있다.

---

2) 〈一〉大千興造喩. 〈二〉洪霔大千喩. 〈三〉雲雨無從喩. 〈四〉大雨難知喩. 〈五〉大雨成敗喩. 〈六〉一雨隨別喩. 〈七〉勝處先成喩. 〈八〉事別由因喩. 〈九〉四輪相依喩. 〈十〉大千饒益喩.

국화꽃 한 송이가 그렇고, 작은 먼지 하나가 그렇다. 그래서 비유를 들어 그 뜻을 분명히 하고자 한 것이다.

먼저 삼천대천세계三千大千世界란 일대삼천세계一大三千世界이다. 불교 우주관에서는 수미산을 중심으로 4방에 4대주大洲가 있고 그 바깥 주위를 대철위산大鐵圍山이 둘러싸고 있다고 한다. 이것을 1세계 또는 1사천하四天下라 한다. 사천하를 천 개 합한 것이 1소천세계小千世界, 소천세계를 천 개 합한 것이 1중천세계中千世界, 중천세계를 천 개 합한 것이 1대천세계이다. 1대천세계에는 소천·중천·대천의 세 가지 천千이 있으므로 1대3천세계 또는 3천대천세계라 한다.

그러나 이는 사전적 설명이고, 우리들에게 가장 가까이 있고 밤하늘에서 육안으로도 볼 수 있는 한 은하계銀河界 정도로 생각하거나, 아니면 우리가 사는 이 지구로 생각하면 될 것이다. 이 지구도 역시 한 가지 인연이나 한 가지 사실로써 이루어진 것이 아니고 그와 같이 한량없는 인연과 한량없는 사실로써 이루어진 것이다.

소위홍포대운　　강주대우　　사종풍륜　상
所謂興布大雲하야 **降霔大雨**하며 **四種風輪**이 **相**

속위 의
續爲依니

"이른바 큰 구름을 일으켜서 큰 비를 내리거든, 네
가지 바람둘레[風輪]가 서로 계속하여 의지가 되느니라."

기사자　하　일　명능지　능지대수고
其四者는 **何**오 **一**은 **名能持**니 **能持大水故**며

"네 가지란 무엇인가. 하나는 능히 지님이니, 큰 물
을 능히 지니는 까닭이요,

이　명능소　능소대수고
二는 **名能消**니 **能消大水故**며

둘은 능히 소멸함이니, 큰 물을 능히 소멸하는 까닭
이요,

삼   명건립   건립일체제처소고
三은 **名建立**이니 **建立一切諸處所故**며

셋은 건립함이니, 일체 모든 처소를 건립함이요,

사   명장엄   장엄분포   함선교고
四는 **名莊嚴**이니 **莊嚴分布**가 **咸善巧故**라

넷은 장엄함이니, 장엄하여 펼침이 다 교묘한 까닭
이니라."

　먼저 삼천대천세계인 이 지구가 생성될 때 큰 구름을 일
으켜서 큰 비를 내리고 네 가지 바람둘레가 있어서 서로 의
지하게 되었다고 하였다. 요즘 지구과학을 연구하는 사람
들은 이렇게 말한다. "지금부터 50억 년쯤 전에 먼저 태양이
있었고 태양 주변에는 먼지만 가득하게 떠돌고 있었는데 그
먼지들이 인력引力에 의해서 서로 당기고 뭉치면서 큰 불덩어
리 같은 지구가 생겼다. 불덩어리인 지구에 어느 날 비가 내
리기 시작하여 불덩어리인 지구는 차츰 식으면서 습기가 생
기고 물이 고이면서 생명체가 생기기 시작하였다. 작은 생

명체가 점점 진화하고 변화하여 오늘날과 같은 모습에 이르렀다."

경문에서 "이른바 큰 구름을 일으켜서 큰 비를 내리고 네 가지 바람둘레가 있어서 서로 의지하게 되었다."라고 한 것은 지극히 과학적이다. 2천6백여 년 전에 이미 이와 같이 말하고 있다.

여 시 개 유 중 생 공 업　　급 제 보 살 선 근 소 기　　영
如是皆由衆生共業과 **及諸菩薩善根所起**니 **令**

어 기 중 일 체 중 생　　　각 수 소 의　　　이 득 수 용
於其中一切衆生으로 **各隨所宜**하야 **而得受用**이니라

"이와 같은 것이 모두 중생들의 함께 짓는 업[共業]과 보살들의 착한 뿌리로 일으키는 것인데, 그 가운데서 일체 중생으로 하여금 각각 마땅한 대로 받아서 사용하게 하느니라."

이 지구에 사는 사람들은 지구에 살 만한 같은 업[共業]이 있어서 같이 산다. 그러나 같은 업에는 다시 또 서로 다른 업

[別業]이 있어서 같은 지구에 살면서도 각각 다른 나라, 다른 지역, 다른 환경에서 다르게 산다. 끊임없이 같은 가운데 다르고, 다른 가운데 또 같다. 이것이 공업과 별업의 관계다. "그 가운데서 일체 중생으로 하여금 각각 마땅한 대로 받아서 사용한다."는 것이 그것이다.

불자　여시등무량인연　내성삼천대천세
佛子야 **如是等無量因緣**으로 **乃成三千大千世**

계　법성　여시　무유생자　무유작자　무
界하나니 **法性**이 **如是**하야 **無有生者**며 **無有作者**며 **無**

유지자　무유성자　연피세계　이득성취
有知者며 **無有成者**나 **然彼世界**가 **而得成就**인달하니라

"불자여, 이와 같은 한량없는 인연으로 삼천대천세계를 이루거니와 법의 성품이 이와 같아서 내는 이도 없고, 짓는 이도 없고, 아는 이도 없으며, 이루는 이도 없지마는 그러나 저 세계가 성취되느니라."

이 지구가 처음 생길 때 어떤 절대자가 "있으라."고 해서

있게 된 것이 아니다. 그래서 짓는 이도 없고 이루는 이도 없다. 법의 성품이 저절로 그와 같을 뿐이다.

여래출현   역부여시   비이일연   비이
如來出現도 亦復如是하야 非以一緣이며 非以

일사   이득성취   이무량인연   무량사상
一事로 而得成就요 以無量因緣과 無量事相으로

내득성취
乃得成就니라

"여래가 출현함도 또한 그와 같아서 한 가지 인연이나 한 가지 사실로써 성취하는 것이 아니고 한량없는 인연과 한량없는 사실로써 성취하느니라."

소위증어과거불소   청문수지대법운우
所謂曾於過去佛所에 聽聞受持大法雲雨일새

인차능기여래사종대지풍륜
因此能起如來四種大智風輪하나니라

"이른바 일찍이 과거 부처님 계신 데서 큰 법의 구

름과 비를 듣고 받아 지니었으므로 이로 인하여 능히 여래의 네 가지 큰 지혜 바람둘레를 일으키느니라."

여래 출현은 한 가지 인연이나 한 가지 사실로 성취하는 것이 아니고 한량없는 인연과 한량없는 사실로써 성취하였는데 일찍이 과거 부처님 계신 데서 큰 법의 구름과 비를 듣고 받아 지니었으므로 이로 인하여 능히 여래의 네 가지 큰 지혜 바람둘레를 일으키게 된 것을 밝혔다.

何等이 爲四오 一者는 念持不忘陀羅尼大智風
하등 위사 일자 염지불망다라니대지풍
輪이니 能持一切如來大法雲雨故며
륜 능지일체여래대법운우고

"무엇이 넷인가. 하나는 기억하고 가지어 잊어버리지 않는 다라니의 큰 지혜 바람둘레이니, 일체 여래의 큰 법의 구름과 비를 능히 지니는 연고이니라."

불망염지不忘念持 다라니로서 일체 여래의 큰 법을 다 기억

하고 다 지니는 지혜로써 여래가 되었다. 여래는 당연히 일
체 여래의 큰 법을 다 기억하여 다 지니고 있어야 한다.

^{이 자} ^{출 생 지 관 대 지 풍 륜} ^{능 소 갈 일 체 번}
二者_는 出生止觀大智風輪_{이니} 能消竭一切煩
^{뇌 고}
惱故_며

"둘은 그치고[止] 관찰함[觀]을 출생하는 큰 지혜 바
람둘레이니, 일체 번뇌를 능히 소멸하는 연고이니라."

그치고[止] 관찰함[觀]에서 그치는 '지止'는 범어로 사마타
(śamatha)이고, 관찰하는 '관觀'은 비파사나(vipaśyanā)이다. 정
定 · 혜慧를 닦는 두 가지 법法이다. 불교의 중요한 수도 방법
으로 '지'는 정지停止하여 마음을 고요히 거두어 망념을 쉬고
한 곳에 집중하는 것이고 '관'은 관달觀達, 관찰로서 지혜를 일
으켜 관조하여 진여에 계합하는 것이다. 이 둘은 서로 떨어
질 수 없는 일대一對의 법이어서, 두 법이 서로 의지하고 도와
서 해탈의 중요한 길을 이루므로 지관이라 한다. 이 지관 수

행으로 일체 번뇌를 소멸한다. 여래가 되는 조건으로서 필수
라고 할 수 있다.

삼 자   선 교 회 향 대 지 풍 륜   능 성 취 일 체 선
三者는 **善巧廻向大智風輪**이니 **能成就一切善**

근 고
根故며

"셋은 교묘하게 회향하는 큰 지혜 바람둘레이니, 일
체 착한 뿌리를 능히 성취하는 연고이니라."

불법은 회향이다. 회향을 잘하는 것은 곧 지혜가 있다는
뜻이다. 자신이 닦은 수행과 쌓은 일체 공덕을 다른 사람에
게 회향함으로 일체 선근을 성취하게 된다.

사 자   출 생 이 구 차 별 장 엄 대 지 풍 륜   영 과
四者는 **出生離垢差別莊嚴大智風輪**이니 **令過**

거 소 화 일 체 중 생   선 근 청 정   성 취 여 래 무
去所化一切衆生으로 **善根清淨**하야 **成就如來無**

루 선 근 력 고
漏善根力故라

"넷은 때를 여읜 차별한 장엄을 출생하는 큰 지혜 바람둘레이니, 과거에 교화한 바 일체 중생으로 하여금 착한 뿌리가 청정하여 여래의 새지 않는[無漏] 착한 뿌리의 힘을 성취하게 하는 연고이니라."

때를 여읜 차별한 장엄을 출생하는 큰 지혜로 일체 중생의 선근이 끝내는 여래의 무루 선근이 되게 해야 한다. 곧 중생을 여래로 성취시키는 힘이다.

여래   여시성등정각   법성   여시   무
如來가 **如是成等正覺**하시니 **法性**이 **如是**하야 **無**

생무작   이득성취
生無作이나 **而得成就**니라

"여래가 이와 같이 하여 등정각을 성취하거니와 법의 성품이 이와 같아서 내는 이도 없고 짓는 이도 없지마는 성취되는 것이니라."

여래가 정각을 성취하는 일은 법의 성품이 이와 같을 뿐이다. 일부러 만들거나 조작해서 그렇게 되는 것이 아니다.

불자　시위여래응정등각　출현제일상
佛子야 **是爲如來應正等覺**의 **出現第一相**이니

보살마하살　응여시지
菩薩摩訶薩이 **應如是知**니라

"불자여, 이것이 여래 응공 정등각이 출현하는 첫째 모양이니 보살마하살은 마땅히 이와 같이 알아야 하느니라."

여래가 세상에 출현하는 데 열 가지 모습을 들어 밝히는 데 그 첫째가 위에서 설한 바와 같다. 모든 불자와 모든 수행자는 반드시 이와 같이 알아야 한다.

2〉 여래 출현의 제2상相의 비유

부차불자　비여삼천대천세계　장욕성시
復次佛子야 **譬如三千大千世界**가 **將欲成時**에

대운강우　　　명왈홍주　　일체방처　　소불능
大雲降雨하나니 名曰洪霔라 一切方處의 所不能

수　소불능지　　유제대천계장욕성시
受며 所不能持요 唯除大千界將欲成時인달하니라

"또 불자여, 비유컨대 삼천대천세계가 이루어지려
할 적에 큰 구름에서 퍼붓는 비를 억수장마[洪霔]라 하나
니, 온갖 처소에서 받을 수도 없고 지닐 수도 없거니와
오직 대천세계가 이루어지려는 때는 제외될 것이니라."

다음은 여래 출현의 제2상相의 비유를 들었다. 삼천대천
세계가 이루어지려 할 적에 큰 구름에서 퍼붓는 비를 억수장
마[洪霔]라 하는데 이와 같은 억수장마는 만약 다른 때에 내
리면 모든 곳에서 감당할 수가 없다. 오직 삼천대천세계가
이루어질 때만 내리는 비다.

불자　여래응정등각　　역부여시　　홍대법
佛子야 如來應正等覺도 亦復如是하야 興大法

운　　 우대법우　　 명성취여래출현　　 일체
雲하야 雨大法雨하나니 名成就如來出現이라 一切

이승　 심지협열　 소불능수　 소불능지　 유
二乘은 心志狹劣하야 所不能受며 所不能持요 唯

제제대보살심상속력
除諸大菩薩心相續力이니라

　"불자여, 여래 응공 정등각도 또한 그와 같아서 큰
법의 구름을 일으키고 큰 법의 비를 내리는 것을 이름
하여 '여래의 출현을 성취한다.'라고 하느니라. 일체 이
승二乘의 좁은 마음으로는 받을 수도 없고 지닐 수도 없
거니와 오직 모든 대보살들의 마음으로 서로 계속하는
힘은 제외될 것이니라."

　화엄경과 같은 위대한 경전은 오직 여래가 깨달음을 성
취하여 추호의 방편을 사용하지 않고 그 깨달음의 경지를
남김없이 드러낼 때만이 설해질 수 있는 경전이다. 그러므로
서양의 학자들은 "화엄경은 인류가 남긴 가장 위대한 걸작
품이다."라고 서슴없이 말하는 것이다. 어찌 성문이나 연각
들이 좁은 마음으로 받아들일 수 있겠는가. 그래서 입법계

품에서는 성문이나 연각들이 화엄경을 설하는 자리에 있었으나 맹인과 같고 귀머거리와 같았다고 하였다. 화엄경을 큰 법이라 하고 대경大經이라 하는 까닭이 여기에 있다.

불자　시위여래응정등각　출현제이상
佛子야 是爲如來應正等覺의 出現第二相이니

보살마하살　응여시지
菩薩摩訶薩이 應如是知니라

"불자여, 이것이 여래 응공 정등각이 출현하는 둘째 모양이니 보살마하살은 마땅히 이와 같이 알아야 하느니라."

여래가 출현하는 제2상相의 비유를 설해 마쳤다. 모든 불자와 일체 수행자는 반드시 이와 같이 알아야 한다.

3〉 여래 출현의 제3상相의 비유

부차불자　비여중생　이업력고　대운강우
復次佛子야 譬如衆生이 以業力故로 大雲降雨

호대 **來無所從**이며 **去無所至**인달하니라
　　내 무 소 종　　　거 무 소 지

"또 불자여, 비유컨대 중생들의 업의 힘으로 큰 구름
에서 비가 내려도 어디로부터 온 데도 없고 가서 이를
데도 없느니라."

여래가 출현하는 세 번째 비유다. 큰 구름에서 비가 내리
는데 온 데도 없고 가서 이르는 곳도 없다. 비는 구름에서,
구름은 수증기에서, 수증기는 물에서, 물은 비에서, 비는 다
시 구름에서, 이와 같이 돌고 도는 것이 비의 실체다. 물의 실
체는 본래 우주에 가득하다. 형체만 바뀔 뿐 오고 가는 것이
아니다.

　　여 래 응 정 등 각　　　역 부 여 시　　　이 제 보 살 선 근
如來應正等覺도 **亦復如是**하야 **以諸菩薩善根**

력 고　　　홍 대 법 운　　　우 대 법 우　　　역 무 소 종 래
力故로 **興大法雲**하야 **雨大法雨**호대 **亦無所從來**며

무 소 지 거
無所至去니라

"여래 응공 정등각도 또한 그와 같아서 모든 보살의 착한 뿌리의 힘으로 큰 법의 구름을 일으키고 큰 법의 비를 내리지마는 또한 어디로부터 온 데도 없고 가서 이를 데도 없느니라."

여래는 보살 선근의 힘으로 큰 법의 구름을 일으키고 큰 법의 비를 내리지만 그 법이 어디에서 온 것인지 어디로 가는 것인지 아무것도 결정된 것이 없다. 보살의 선근도 또한 온 곳도 없고 가는 곳도 없다.

불 자   시 위 여 래 응 정 등 각   출 현 제 삼 상
佛子야 **是爲如來應正等覺**의 **出現第三相**이니

보 살 마 하 살   응 여 시 지
菩薩摩訶薩이 **應如是知**니라

"불자여, 이것이 여래 응공 정등각이 출현하는 셋째 모양이니 보살마하살은 마땅히 이와 같이 알아야 하느

니라."

4〉 여래 출현의 제4상相의 비유

부차불자 비여대운 강주대우 대천세계
復次佛子야 **譬如大雲**이 **降霔大雨**에 **大千世界**

일체 중생 무능지수   약욕산계   도령발
一切衆生이 **無能知數**하나니 **若欲算計**인댄 **徒令發**

광   유대천세계주마혜수라 이과거소수선
狂이요 **唯大千世界主摩醯首羅**가 **以過去所修善**

근력고   내지일적   무불명료
根力故로 **乃至一滴**이라도 **無不明了**인달하니라

"또 불자여, 비유컨대 큰 구름에서 큰 비를 내리는
것을 대천세계의 일체 중생들은 그 수효를 아는 이가
없으며, 만약 그 수효를 계산하려면 한갓 발광할 뿐이
거니와, 오직 대천세계의 주인인 마혜수라는 과거에 닦
은 착한 뿌리의 힘으로 내지 한 방울까지도 분명히 아
느니라."

여래가 출현하는 네 번째 비유다. 큰 구름에서 큰 비를

내리는 것을 대천세계의 일체 중생들은 그 수효를 아는 이가 없다. 한 지역에서 한 번 내리는 빗방울 수도 알 수 없는데 큰 장마철에 내리는 그 많은 빗방울의 수를 어떻게 알겠는 가. 오직 대천세계의 주인인 마혜수라는 과거에 닦은 착한 뿌리의 힘으로나 알는지.

불자야 如來應正等覺도 亦復如是하야 興大法
雲하야 雨大法雨에 一切衆生과 聲聞獨覺의 所不
能知니 若欲思量인댄 心必狂亂이요

"불자여, 여래 응공 정등각도 또한 그와 같아서 큰 법의 구름을 일으키고 큰 법의 비를 내리는 것을 일체 중생과 성문과 독각은 알지 못하며, 만약 헤아리고자 하면 마음이 반드시 광란하게 되느니라."

여래의 설법에 대해서 그 깊고 넓은 팔만대장경을 누가

알겠는가. 특히 화엄경과 같은 이 높은 가르침을 성문이나 연각들이 어떻게 알겠는가. 실로 일평생을 불교 집안에서 살아도 맹인과 같고 귀머거리와 같다. 화엄경을 읽지 않은 모든 불자들이 안타까울 뿐이다.

유제 일 체 세 간 주 보 살 마 하 살　이 과 거 소 수
唯除一切世間主菩薩摩訶薩이 **以過去所修**

각 혜 력 고　내 지 일 문 일 구　입 중 생 심　무 불
覺慧力故로 **乃至一文一句**라도 **入衆生心**을 **無不**

명 료
明了니라

"오직 일체 세간의 주인인 보살마하살은 제외될 것이니, 과거에 닦아 깨달은 지혜의 힘으로 내지 한 글자 한 구절까지라도 중생의 마음에 들어가는 것을 분명히 알지 못할 것이 없느니라."

대승보살은 일체 세간의 주인이다. 그들은 과거에 닦은 깨달음의 지혜로 이 화엄경에 대해서 한 글자 한 구절까지라

도 중생의 마음에 들어가는 것을 분명히 다 안다. 그러므로 불교를 믿고 불교를 공부한다면 반드시 이 화엄경을 공부해야 할 것이다.

불자 시위여래응정등각 출현제사상
佛子야 是爲如來應正等覺의 出現第四相이니

보살마하살 응여시지
菩薩摩訶薩이 應如是知니라

"불자여, 이것이 여래 응공 정등각이 출현하는 넷째 모양이니 보살마하살은 마땅히 이와 같이 알아야 하느니라."

5〉 여래 출현의 제5상相의 비유

부차불자 비여대운강우지시 유대운우
復次佛子야 譬如大雲降雨之時에 有大雲雨하니

명위능멸 능멸화재 유대운우 명위능
名爲能滅이라 能滅火災하며 有大雲雨하니 名爲能

기　　능 기 대 수
起_라 **能起大水**_{하며}

"또 불자여, 비유컨대 큰 구름이 큰 비를 내릴 적에 큰 구름비가 있어 이름을 '능히 멸함'이라 하나니 능히 화재를 소멸하며, 큰 구름비가 있어 이름을 '능히 일으킴'이라 하나니 큰 물을 일으키느니라."

여래가 출현하는 다섯 번째 비유다. 큰 구름이 큰 비를 내릴 적에 큰 구름비에 다섯 가지 이름이 있다. 불의 재앙을 능히 소멸하므로 '능히 멸함'이라 하고, 큰 물을 일으키므로 '능히 일으킴'이라 한다.

유 대 운 우　　　명 위 능 지　　　능 지 대 수　　　유 대 운
有大雲雨_{하니} **名爲能止**_라 **能止大水**_{하며} **有大雲**

우　　　명 위 능 성　　　능 성 일 체 마 니 제 보　　　유 대
雨_{하니} **名爲能成**_{이라} **能成一切摩尼諸寶**_{하며} **有大**

운 우　　　명 위 분 별　　　분 별 삼 천 대 천 세 계
雲雨_{하니} **名爲分別**_{이라} **分別三千大千世界**_{인달하니라}

"큰 구름비가 있어 이름을 '능히 멈춤'이라 하나니 큰 물을 멈추며, 큰 구름비가 있어 이름을 '능히 이룸'이라 하나니 일체 마니보배를 이루며, 큰 구름비가 있어 이름을 '능히 분별함'이라 하나니 삼천대천세계를 분별하느니라."

능히 멈추기도 하고, 능히 이루기도 하고, 능히 분별하기도 하는 등을 따라서 이름이 각각 다르다.

불자 여래출현 역부여시 흥대법운
佛子야 如來出現도 亦復如是하야 興大法雲하야

우대법우 유대법우 명위능멸 능멸일체
雨大法雨에 有大法雨하니 名爲能滅이라 能滅一切

중생번뇌
衆生煩惱하며

"불자여, 여래의 출현도 또한 그와 같아서 큰 법의 구름을 일으키고 큰 법의 비를 내리는데, 큰 법의 비가 있어 이름을 '능히 멸함'이라 하나니 일체 중생의 번뇌를 능히 멸하느니라."

여래가 세상에 출현하여 법을 설하는데 어떤 역할을 하는가에 대한 내용을 밝혔다. 여래가 큰 법의 비를 내려서 먼저 일체 중생의 번뇌를 능히 소멸하므로 법문의 이름을 '능히 멸함'이라 한다.

유 대 법 우   명 위 능 기   능 기 일 체 중 생 선 근
有大法雨하니 名爲能起라 能起一切衆生善根
하며

"큰 법의 비가 있어 이름을 '능히 일으킴'이라 하나니 일체 중생의 착한 뿌리를 일으키느니라."

여래가 세상에 출현하여 법을 설하여 일체 중생의 선근을 능히 일으킨다. 그래서 법문의 이름이 '능히 일으킴'이다.

유 대 법 우　　　명 위 능 지　　능 지 일 체 중 생 견 혹
有大法雨하니 **名爲能止**라 **能止一切衆生見惑**
하며

"큰 법의 비가 있어 이름을 '능히 멈춤'이라 하나니
일체 중생이 볼 때의 의혹[見惑]을 멈추느니라."

여래가 세상에 출현하여 법을 설하는데 볼 때의 의혹[見
惑]을 멈춘다는 것에서 볼 때의 의혹이란 곧 견혹見惑이다. 견
혹은 수혹修惑의 반대말로 견번뇌見煩惱·견장見障이라고도
한다. 견도위見道位에서 4제諦의 이치를 볼 때에 끊는 번뇌, 곧
진리가 밝혀지지 않은 미혹이다. 그 자체에 신견身見·변견
邊見·사견邪見·견취견見取見·계금취견戒禁取見·탐貪·진瞋
·치癡·만慢·의疑 등 10종이 있다. 이러한 번뇌를 능히 멈
추므로 법문의 이름이 '능히 멈춤'이다.

유 대 법 우　　　명 위 능 성　　　능 성 일 체 지 혜 법
有大法雨하니 **名爲能成**이라 **能成一切智慧法**

보
寶하며

"큰 법의 비가 있어 이름을 '능히 이룸'이라 하나니
일체 지혜의 법보法寶를 이루느니라."

여래가 세상에 출현하여 중생들을 위해 법을 설하여 모
든 존재의 실상을 꿰뚫어 아는 일체 지혜의 법보를 이룬다.
그래서 법문 이름이 '능히 이룸'이다.

유 대 법 우　　　명 위 분 별　　　분 별 일 체 중 생 심
有大法雨하니 **名爲分別**이라 **分別一切衆生心**

락
樂이니라

"큰 법의 비가 있어 이름을 '능히 분별함'이라 하나
니 일체 중생의 좋아하는 마음을 분별하느니라."

또 여래가 세상에 출현하여 일체 중생을 위해 법을 설하
여 일체 중생들이 무엇을 좋아하는지를 잘 분별한다. 그래

서 법문 이름이 '능히 분별함'이다.

불자　시위여래응정등각　출현제오상
佛子야 **是爲如來應正等覺**의 **出現第五相**이니

보살마하살　응여시지
菩薩摩訶薩이 **應如是知**니라

"불자여, 이것이 여래 응공 정등각이 출현하는 다섯째 모양이니 보살마하살은 마땅히 이와 같이 알아야 하느니라."

6) 여래 출현의 제6상相의 비유

부차불자　비여대운　우일미수　수기소
復次佛子야 **譬如大雲**이 **雨一味水**호대 **隨其所**

우　무량차별
雨하야 **無量差別**인달하니라

"또 불자여, 비유컨대 큰 구름에서 한결같은 맛의 비를 내려도 그 비 내릴 데를 따라서 한량없이 차별하니라."

여래가 출현하는 여섯 번째 비유다. 비를 아무리 많이 내려도 그 비의 맛은 하나이지만 내리는 곳에 따라서 한량없이 차별하다. 바다에 내리면 바닷물이 되고, 강에 내리면 강물이 되고, 흙 위에 내리면 흙물이 된다.

여래출현　　역부여시　　우어대비일미법수
如來出現도 **亦復如是**하야 **雨於大悲一味法水**

수의설법　　무량차별
호대 **隨宜說法**하야 **無量差別**이니라

"여래의 출현도 또한 그와 같아서 크게 불쌍히 여기는 한결같은 맛의 법의 물을 내리어도 마땅한 대로 법을 설함이 한량없이 차별하니라."

여래의 출현도 그와 같아서 큰 자비라는 한 맛의 법의 물이지만 중생들의 근기를 따르고 편의를 따라 한량없이 차별하게 설해진다.

불자　시위여래응정등각　출현제육상
佛子야 是爲如來應正等覺의 出現第六相이니

보살마하살　응여시지
菩薩摩訶薩이 應如是知니라

"불자여, 이것이 여래 응공 정등각이 출현하는 여섯째 모양이니 보살마하살은 마땅히 이와 같이 알아야 하느니라."

7〉 여래 출현의 제7상相의 비유

부차불자　비여삼천대천세계　초시성시
復次佛子야 譬如三千大千世界가 初始成時에

선성색계제천궁전　차성욕계제천궁전　차
先成色界諸天宮殿하고 次成欲界諸天宮殿하고 次

성어인　급여중생　제소주처
成於人과 及餘衆生의 諸所住處인달하니라

"또 불자여, 비유컨대 삼천대천세계가 처음 이루어질 적에 먼저 형상세계[色界]의 모든 하늘궁전을 이루고, 다음에 욕심세계[欲界]의 모든 하늘궁전을 이루고, 다음에 사람과 다른 중생들의 모든 머물 처소를 이루느니라."

여래가 출현하는 일곱 번째 비유다. 삼천대천세계가 처음 이루어질 적에 먼저 형상세계가 이루어지고 다음 욕심세계, 다음 인간세계와 기타 중생들의 세계가 이루어진다는 것은 높은 데서 낮은 데로 순서가 이루어지는 것이다.

불자야 여래출현도 역부여시하야 선기보살제
佛子야 如來出現도 亦復如是하야 先起菩薩諸

행지혜하고 차기연각제행지혜하고 차기성문선
行智慧하고 次起緣覺諸行智慧하고 次起聲聞善

근제행지혜하고 차기기여중생유위선근제행지
根諸行智慧하고 次起其餘衆生有爲善根諸行智

혜
慧하나니라

"불자여, 여래의 출현도 또한 그와 같아서 먼저 보살의 모든 행行과 지혜를 일으키고, 다음에 연각緣覺의 모든 행行과 지혜를 일으키고, 다음에 성문聲聞의 착한 뿌리의 모든 행과 지혜를 일으키고, 나중에 다른 중생들의 함이 있는[有爲] 착한 뿌리의 모든 행과 지혜를 일으키느니라."

여래의 출현도 먼저 보살의 모든 행과 지혜를 일으키고 다음 연각의 행과 지혜, 다음 성문의 선근과 행과 지혜, 다음 나머지 중생들의 유위의 선근과 행과 지혜 등 이와 같이 높은 데서 낮은 데로 일으킨다.

불자 　 비여대운 　 우일미수 　 　수제중생
佛子야 譬如大雲이 雨一味水호대 隨諸衆生의

선근이고 　 소기궁전 　 종종부동 　 　여래대
善根異故로 所起宮殿이 種種不同인달하야 如來大

비일미법우 　 수중생기 　 이유차별
悲一味法雨도 隨衆生器하야 而有差別이니라

"불자여, 비유컨대 큰 구름이 한결같은 맛의 비를 내릴 적에 중생들의 착한 뿌리가 다름을 따르는 연고로 일으키는 궁전이 가지각색으로 같지 않은 것처럼, 여래의 크게 자비한 한결같은 맛의 법의 비도 중생의 그릇을 따라서 차별이 있느니라."

내리는 비의 맛은 한결같지만 중생들의 선근을 따라서 그들이 머무는 거처가 같지 않듯이 여래가 설하는 큰 자비라는 법의 비 맛도 중생들의 그릇에 따라 받아들이는 것이 모두 다르다. 또한 사람으로 세상에 태어나서 산다는 이 엄청난 보물은 마치 하늘에서 무한정 쏟아지는 보물과 같은데 중생들은 각자의 그릇에 따라 이익을 얻고 행복을 누리는 것이 각각 다르다. 법화경 약초유품의 비유도 바로 그것이다.

불자 시위여래 응정등각 출현제칠상
佛子야 **是爲如來應正等覺**의 **出現第七相**이니

보살마하살 응여시지
菩薩摩訶薩이 **應如是知**니라

"불자여, 이것이 여래 응공 정등각이 출현하는 일곱째 모양이니 보살마하살은 마땅히 이와 같이 알아야 하느니라."

8〉 여래 출현의 제8상相의 비유

부차불자 비여세계 초욕성시 유대수생
復次佛子야 **譬如世界**가 **初欲成時**에 **有大水生**

변만삼천대천세계　생대연화　명여래
하야 徧滿三千大千世界하야 生大蓮華하니 名如來

출현공덕보장엄　변부수상　광조시방일
出現功德寶莊嚴이라 徧覆水上하야 光照十方一

체세계　시　마혜수라정거천등　견시화이
切世界어든 時에 摩醯首羅淨居天等이 見是華已하고

즉결정지어차겁중　유이소불　출흥어세
卽決定知於此劫中에 有爾所佛이 出興於世하나니

"또 불자여, 비유컨대 세계가 처음 이루어질 적에 큰
물이 생겨 삼천대천세계에 가득하고 큰 연꽃이 나나니
이름이 '여래출현공덕보장엄如來出現功德寶莊嚴'이라. 물 위
를 가득 덮어 빛이 시방의 모든 세계를 비추거든 그때
마혜수라정거천摩醯首羅淨居天들이 이 연꽃을 보고는 곧 이
겁劫에 그러한 부처님이 세상에 출현하실 것을 결정코
아느니라."

여래가 출현하는 여덟 번째 비유다. 먼저 세계가 이루어
질 적에 큰 물이 생겨 삼천대천세계에 가득하고, '여래출현공
덕보장엄如來出現功德寶莊嚴'이라는 큰 연꽃이 생겨 그 물을 다

덮는다. 또 연꽃에서 비추는 빛이 시방세계를 환하게 비춘다. 그때 마혜수라정거천신들이 그 연꽃을 보고는 그곳에 부처님이 출현하실 것임을 분명하게 안다.

불자 이시 기중 유풍 륜 기 명 선 정 광 명
佛子야 爾時其中에 有風輪起하니 名善淨光明

능 성 색 계 제 천 궁 전
이라 能成色界諸天宮殿하며

"불자여, 그때 그 가운데 바람둘레가 일어나니 이름이 '매우 깨끗한 광명'으로 형상세계의 여러 하늘궁전을 능히 이루느니라."

여래의 출현은 곧 위없는 큰 지혜 광명으로 표현된다. 그 광명을 세계가 이루어질 때에 일어나는 바람둘레로 비유하였다. 바람둘레도 열 가지이며 위없는 큰 지혜 광명도 열 가지이다. 열 가지 바람둘레를 낱낱이 들었다. 그 바람둘레로 인하여 하늘의 궁전이 생기고, 온갖 크고 작은 산이 생기고, 큰 땅과 큰 바다가 생겼다.

유풍륜기　　　명정광장엄　　　능성욕계제천궁
有風輪起하니 **名淨光莊嚴**이라 **能成欲界諸天宮**

전
殿하며

"바람둘레가 일어나니 이름이 '깨끗한 빛 장엄'으로
욕심세계의 여러 하늘궁전을 이루느니라."

유풍륜기　　　명견밀무능괴　　　능성대소제륜
有風輪起하니 **名堅密無能壞**라 **能成大小諸輪**

위산　　　급금강산
圍山과 **及金剛山**하며

"바람둘레가 일어나니 이름이 '견고하고 빽빽하여
깨뜨릴 수 없음'으로 큰 철위산鐵圍山과 작은 철위산과
금강산을 이루느니라."

유풍륜기　　　명승고　　　능성수미산 왕
有風輪起하니 **名勝高**라 **能成須彌山王**하며

"바람둘레가 일어나니 이름이 '훌륭하고 높음'으로

수미산을 이루느니라."

유풍륜기　　　명부동　　　능성십대산왕
有風輪起하니 名不動이라 能成十大山王하나니

하등　위십　　소위거타라산　선인산　복마산
何等이 爲十고 所謂佉陀羅山과 仙人山과 伏魔山

대복마산　　지쌍산　　니민다라산　　목진인타
과 大伏魔山과 持雙山과 尼民陀羅山과 目眞隣陀

산　　마하목진인타산　　향산　　설산
山과 摩訶目眞隣陀山과 香山과 雪山이며

"바람둘레가 일어나니 이름이 '흔들리지 않음'으로
열 가지 큰 산을 이루나니, 무엇이 열인가. 이른바 거타
라산, 선인산, 복마산, 큰 복마산, 지쌍산, 니민다라산,
목진인타산, 큰 목진인타산, 향산, 설산이니라."

유풍륜기　　　명위안주　　능성대지
有風輪起하니 名爲安住라 能成大地하며

"바람둘레가 일어나니 이름이 '편안히 머무름'으로

땅덩이를 이루느니라."

유풍륜기   명위장엄   능성지천궁전   용
有風輪起하니 **名爲莊嚴**이라 **能成地天宮殿**과 **龍**

궁전   건달바궁전
宮殿과 **乾闥婆宮殿**하며

"바람둘레가 일어나니 이름이 '장엄'으로 땅에 있는 하늘궁전과 용의 궁전과 건달바 궁전을 이루느니라."

유풍륜기   명무진장   능성삼천대천세
有風輪起하니 **名無盡藏**이라 **能成三千大千世**

계 일 체 대 해
界一切大海하며

"바람둘레가 일어나니 이름이 '무진장'으로 삼천대천세계의 모든 바다를 이루느니라."

유 풍 륜 기　　명 보 광 명 장　　능 성 삼 천 대 천 세
有風輪起하니 名普光明藏이라 能成三千大千世

계 제 마 니 보
界諸摩尼寶하며

"바람둘레가 일어나니 이름이 '보광명장'으로 삼천
대천세계의 모든 마니보배를 이루느니라."

유 풍 륜 기　　명 견 고 근　　능 성 일 체 제 여 의
有風輪起하니 名堅固根이라 能成一切諸如意

수
樹니라

"바람둘레가 일어나니 이름이 '굳은 뿌리'로 일체 모
든 여의수如意樹를 이루느니라."

불 자　　대 운 소 우 일 미 지 수　　무 유 분 별　　이
佛子야 大雲所雨一味之水가 無有分別호대 以

중 생 선 근 부 동 고　　풍 륜 부 동　　풍 륜 차 별 고
衆生善根不同故로 風輪不同하며 風輪差別故로

세 계 차 별
世界差別인달하야

"불자여, 큰 구름에서 내리는 한결같은 맛의 물이 분별이 없지마는 중생의 착한 뿌리가 같지 아니하므로 바람둘레가 같지 않고, 바람둘레가 차별하므로 세계가 차별하니라."

이와 같이 바람둘레로 인하여 온갖 것이 다 생겼는데 중생들의 선근이 같지 아니하므로 바람둘레가 같지 아니하고, 바람둘레가 같지 아니하므로 세계가 같지 아니하다. 사람들이 사는 세계와 생활환경이 모두 차별한 것은 각자의 선근과 업의 인연이 각각 차별하기 때문이다. 모두 자신이 스스로 만든 것이다.

불 자   여래출현   역 부 여 시   구 족 일 체 선
佛子야 **如來出現**도 **亦復如是**하야 **具足一切善**

근 공 덕   방 어 무 상 대 지 광 명   명 부 단 여 래
根功德하사 **放於無上大智光明**하시니 **名不斷如來**

종부사의지　　보조시방일체세계　　여제보살
種不思議智라 普照十方一切世界하사 與諸菩薩

일체여래관정지기　　당성정각　　출흥어세
一切如來灌頂之記호대 當成正覺하야 出興於世

라하나니라

"불자여, 여래의 출현도 또한 그와 같아서 모든 착한
뿌리의 공덕을 구족하고 위없는 큰 지혜 광명을 놓으니
이름이 '여래의 종성種性을 끊지 않는 부사의한 지혜'라.
시방 모든 세계를 두루 비추며 모든 보살들에게 일체
여래의 정수리에 물 붓는 수기를 주되 '마땅히 바른 깨
달음을 이루어 세상에 출현하리라.' 라고 하느니라."

여래는 모든 착한 뿌리의 공덕을 구족하고 위없는 큰 지
혜 광명을 놓는다. 그 지혜 광명이 열 가지이며 낱낱이 이름
이 있다. 먼저 '여래의 종성種性을 끊지 않는 부사의한 지혜'
라는 이름으로 그 지혜 광명이 시방 모든 세계를 두루 비추
며 모든 보살들에게 일체 여래의 정수리에 물 붓는 수기를 주
되 '마땅히 바른 깨달음을 이루어 세상에 출현하리라.'라고
한다. 여래의 종성이 계속되어야 하고, 다시 무수한 보살들

로 하여금 정각을 이루어 세상에 출현하게 하는 것, 그것이 여래 출현의 궁극의 목적이다.

불자　　여래출현　　부유무상대지광명
佛子야 如來出現에 復有無上大智光明하시니

명청정이구　　능성여래무루무진지
名淸淨離垢라 能成如來無漏無盡智하며

"불자여, 여래가 출현하는 데 또 위없는 큰 지혜 광명이 있으니 이름이 '청정하여 때를 여읨'이라. 여래의 새지 않고[無漏] 다하지 않는 지혜를 이루느니라."

다시 또 여래가 출현하심에 위없는 큰 지혜 광명이 있어서 여래의 새지 않고 다하지 않는 지혜를 이룬다. 여래가 출현하시어 그동안 얼마나 많은 사람들에게 새지 않고 다하지 않는 지혜를 이루게 하였는가. 그 지혜로 그나마 이렇게 살고 있는 것이다.

부유무상대지광명　　　명보조　　능성여래보
復有無上大智光明하시니 **名普照**라 **能成如來普**

입법계부사의지
入法界不思議智하며

"또 위없는 큰 지혜 광명이 있으니 이름이 '널리 비
춤'이라. 여래가 법계에 두루 들어가는 부사의한 지혜
를 이루느니라."

여래는 모든 존재의 실상을 깨달은 진리의 지혜 광명으
로 온 법계에 두루 들어가서 일체 중생을 깨우친다.

부유무상대지광명　　　명지불종성　　　능성
復有無上大智光明하시니 **名持佛種性**이라 **能成**

여래불경동력
如來不傾動力하며

"또 위없는 큰 지혜 광명이 있으니 이름이 '부처님
의 종성種性을 지님'이라. 능히 여래의 흔들리지 않는 힘
을 이루느니라."

위없는 큰 지혜 광명으로 여래가 출현하여 부처님의 종성이 끊어지지 않고 계속됨으로 여래는 흔들리지 않는다. 불법은 흔들리지 않는다. 불법이 흔들리고 불교가 흔들리는 것은 모두 부처님의 종성이 위태로운 지경에 있기 때문이다.

부 유 무 상 대 지 광 명　　　　명 형 출 무 능 괴　　능
復有無上大智光明하시니 **名逈出無能壞**라 **能**

성 여 래 무 외 무 괴 지
成如來無畏無壞智하며

"또 위없는 큰 지혜 광명이 있으니 이름이 '멀리 뛰어나 깨뜨릴 수 없음'이라. 여래의 두려움 없고 깨뜨릴 수 없는 지혜를 이루느니라."

위없는 큰 지혜 광명으로 여래의 두려움 없고 깨뜨릴 수 없는 지혜를 이루게 된다.

부 유 무 상 대 지 광 명　　　　명 일 체 신 통　　능 성
復有無上大智光明하시니 **名一切神通**이라 **能成**

여래 제 불 공 법 일 체 지 지
如來諸不共法一切智智하며

"또 위없는 큰 지혜 광명이 있으니 이름이 '온갖 신통'이라. 여래의 함께하지 않는 법[不共法]인 일체 지혜의 지혜를 이루느니라."

위없는 큰 지혜 광명으로 여래의 함께하지 않는 법[不共法]인 일체 지혜의 지혜를 이루게 된다. 함께하지 않는 법이란 불공법不共法으로 자기와 다른 이가 따로따로 받는 법法으로서 다른 이와 공통하지 않은 독특한 법이다. 비유하면 제 몸은 저 한 사람의 업으로 받는 것과 같은 것 따위이다. 부처님께는 18종의 불공법[3]이 있다.

부 유 무 상 대 지 광 명   명 출 생 변 화   능 성
復有無上大智光明하시니 **名出生變化**라 **能成**

여래 영 견 문 친 근 소 생 선 근 불 실 괴 지
如來令見聞親近所生善根不失壞智하며

"또 위없는 큰 지혜 광명이 있으니 이름이 '변화를

냄'이라. 여래를 보고 듣고 친근하여 생긴 착한 뿌리를 잃어버리지 않게 하는 지혜를 이루느니라."

위없는 큰 지혜 광명으로 여래를 보고 듣고 친근하여 생긴 착한 뿌리를 잃어버리지 않게 하는 지혜를 이룬다. 즉 그 이름을 듣거나 그 모양을 보기만 해도 삼악도의 고통을 면하고 해탈을 얻는다.

復有無上大智光明하시니 名普隨順이라 能成如

來無盡福德智慧之身하야 爲一切衆生하야 而作

---

3) 십팔불공법十八不共法 또는 십팔불공불법十八不共佛法. 부처님께만 있는 공덕으로서 2승이나 보살들에게는 공동共同하지 않은 열여덟 가지. 신무실身無失·구무실口無失·의무실意無失·무이상無異想·무부정심無不定心·무부지이사無不知已捨·욕무감欲無減·정진무감精進無減·염무감念無減·혜무감慧無減·해탈무감解脫無減·해탈지견무감解脫知見無減·일체신업수지혜행一切身業隨智慧行·일체구업수지혜행一切口業隨智慧行·일체의업수지혜행一切意業隨智慧行·지혜지견과거세무애무장智慧知見過去世無礙無障·지혜지견미래세무애무장智慧知見未來世無礙無障·지혜지견현재세무애무장智慧知見現在世無礙無障.

요 익
饒益하며

"또 위없는 지혜 광명이 있으니 이름이 '널리 따라 줌'이라. 여래의 그지없는 복덕과 지혜의 몸을 이루어 일체 중생을 위하여 이익을 짓게 하느니라."

또 위없는 지혜 광명으로 여래의 그지없는 복덕과 지혜의 몸을 이루어 일체 중생을 위하여 이익을 짓게 한다.

부 유 무 상 대 지 광 명   명 불 가 구 경   능 성
復有無上大智光明하시니 **名不可究竟**이라 **能成**

여 래 심 심 묘 지   수 소 개 오   영 삼 보 종   영
如來甚深妙智하야 **隨所開悟**하야 **令三寶種**으로 **永**

부 단 절
不斷絶하며

"또 위없는 큰 지혜 광명이 있으니 이름이 '끝까지 할 수 없음'이라. 여래의 매우 깊은 묘한 지혜를 이루고 간 데마다 깨우치어 삼보三寶의 종자가 영원히 끊어지지 않게 하느니라."

위없는 큰 지혜 광명으로 여래의 매우 깊은 묘한 지혜를
이루고 간 데마다 깨우쳐 삼보의 종자가 영원히 끊어지지 않
게 한다. 불교는 지혜를 우선으로 여긴다. 지혜가 있으면 곧
삼보의 종자가 영원히 끊어지지 않는다.

復有無上大智光明하시니 名種種莊嚴이라 能成
如來相好嚴身하야 令一切衆生으로 皆生歡喜하며

"또 위없는 큰 지혜 광명이 있으니 이름이 '가지각
색의 장엄'이라. 여래의 상호로 장엄한 몸을 이루어 일
체 중생을 모두 환희케 하느니라."

여래의 아름다운 상호를 보는 중생들은 환희한다. 그 모
든 아름다운 상호도 또한 위없는 큰 지혜 광명으로 이루어
진 것이다.

부유무상대지광명　　　명불가괴　　능성여
復有無上大智光明하시니 名不可壞라 能成如

래법계허공계등수승수명　　무유궁진
來法界虛空界等殊勝壽命하야 無有窮盡이니라

"또 위없는 큰 지혜 광명이 있으니 이름이 '깨뜨릴
수 없음'이라. 능히 여래의 법계와 허공계와 평등하고
수승한 수명을 성취하여 다함이 없느니라."

또 위없는 큰 지혜 광명으로 여래의 법계와 허공계와 평
등하고 수승한 수명을 성취하여 다함이 없다.

불자　여래대비일미지수　무유분별　　이
佛子야 如來大悲一味之水는 無有分別이로대 以

제중생　욕락부동　근성각별　이기종종대지
諸衆生의 欲樂不同과 根性各別로 而起種種大智

풍륜　　영제보살　성취여래출현지법
風輪하야 令諸菩薩로 成就如來出現之法하나니

"불자여, 여래의 크게 자비하신 한결같은 맛의 물은

분별이 없지마는 중생들의 욕심이 같지 않고 근성이 각
각 다르므로 갖가지 큰 지혜의 바람둘레를 일으켜 보살
들로 하여금 여래의 출현하는 법을 이루게 하느니라."

크게 자비하신 한결같은 맛의 물은 부처님의 자비다. 부
처님의 자비는 사람을 차별하지 않는다. 다만 중생들의 욕
심이 같지 않고 근성이 각각 다를 뿐이다. 그래서 갖가지 큰
지혜의 바람둘레를 일으켜 보살들로 하여금 여래의 출현하
는 법을 이루게 한다.

불자 일체여래 동일체성 대지륜중 출
佛子야 一切如來가 同一體性인 大智輪中에 出
생 종 종 지 혜 광 명
生種種智慧光明이시니

"불자여, 일체 여래가 동일한 자체 성품인 큰 지혜
바퀴에서 갖가지 지혜 광명을 내느니라."

일체 여래의 동일한 성품은 큰 지혜며 큰 자비다. 이러한

동일한 체성에서 갖가지 지혜 광명을 낸다.

불자 여등 응지 여래 어일해탈미 출
佛子야 **汝等**은 **應知**하라 **如來**가 **於一解脫味**에 **出**

생 무량불가사의종종공덕 중생 염언
生無量不可思議種種功德이어든 **衆生**이 **念言**호대

차시여래신력소조 불자 차비여래신력
此是如來神力所造라하나니 **佛子**야 **此非如來神力**

소조
所造니라

　"불자여, 그대들은 응당 알라. 여래의 한 해탈의 맛
[解脫味]에서 한량없고 헤아릴 수 없는 갖가지 공덕을 내
는 것을 중생들이 생각하기를 '이것은 여래의 신통한
힘으로 짓는 것이라.'라고 하거니와, 불자여, 이것은 여
래의 신통한 힘으로 짓는 것이 아니니라."

　여래의 한 해탈의 맛에서 한량없고 헤아릴 수 없는 갖가
지 공덕을 내는 것은 오로지 과거에 닦은 선근의 인연이요,
여래의 신통한 힘으로 짓는 것이 아니다. 모두가 연기의 이

치며 인연의 이치다. 일체 번뇌와 부귀공명과 재물과 이성과 음식과 명예와 잠을 즐기는 것 등 오욕락五慾樂으로부터 멀리 벗어난 해탈의 맛, 그것은 해탈을 경험해 본 사람만이 느낄 수 있으리라.

불자 내지일보살 불어불소 중종선근
佛子야 乃至一菩薩도 不於佛所에 曾種善根하고

능득여래소분지혜 무유시처 단이제불위덕
能得如來少分智慧가 無有是處니 但以諸佛威德

력고 영제중생 구불공덕 이불여래 무
力故로 令諸衆生으로 具佛功德호대 而佛如來는 無

유분별 무성무괴 무유작자 역무작법
有分別이며 無成無壞며 無有作者며 亦無作法이니라

"불자여, 내지 한 보살이라도 부처님 계신 데서 착한 뿌리를 심지 않고서 여래의 일부분 지혜라도 얻는다는 것은, 그런 이치는 없느니라. 다만 모든 부처님의 위엄과 공덕의 힘으로써 모든 중생들로 하여금 부처님의 공덕을 갖추게 하지마는 여래는 분별이 없으며 이룸도 없고 깨뜨림도 없고 지을 이도 없고 또한 지을 법도 없느니라."

한 보살이라도 부처님과 모든 사람들과 일체 중생에게 선근을 심지 않고서 여래의 일부분의 지혜라도 얻는다는 것은, 그런 이치는 없다. 여래의 지혜란 곧 일체 중생을 부처님으로 받들어 섬기며 선근을 닦는 일이기 때문이다.

불자　시위여래응정등각　출현제팔상
佛子야 是爲如來應正等覺의 出現第八相이니

보살마하살　응여시지
菩薩摩訶薩이 應如是知니라

"불자여, 이것이 여래 응공 정등각이 출현하는 여덟째 모양이니 보살마하살은 마땅히 이와 같이 알아야 하느니라."

9〉 여래 출현의 제9상相의 비유

부차불자　여의허공기사풍륜　능지수륜
復次佛子야 如依虛空起四風輪하야 能持水輪

하등　위사　일　명안주　이　명상주
하나니 何等이 爲四오 一은 名安住요 二는 名常住요

^삼 ^{명구경} ^사 ^{명견고} ^{차사풍륜} ^{능지}
三은 名究竟이요 四는 名堅固라 此四風輪이 能持

^{수륜} ^{수륜} ^{능지대지} ^{영불산괴}
水輪하고 水輪이 能持大地하야 令不散壞일새니라

"또 불자여, 마치 허공을 의지하여 네 가지 바람둘레를 일으켜서 물둘레[水輪]를 지니게 함과 같으니라. 무엇을 네 가지라 하는가. 하나는 편안히 머무름이요, 둘은 항상 머무름이요, 셋은 끝까지 이름이요, 넷은 견고함이니, 이 네 바람둘레는 능히 물둘레를 지니고 물둘레는 능히 땅덩이를 지니어 흩어지지 않게 하느니라."

여래가 출현하는 아홉 번째 비유다. 모든 바람은 허공에서 생긴다. 바람은 모든 사물의 작용과 운동의 근본이 된다. 이 바람으로 물을 유지하고 물은 대지를 유지하는데 이 바람둘레에 네 가지가 있다.

^{시고} ^{설지륜} ^{의수륜} ^{수륜} ^{의풍륜}
是故로 說地輪이 依水輪하고 水輪이 依風輪하고

풍 륜 　의 허 공 　　허 공 　무소의 　수무소의 　능
風輪이 依盧空하고 盧空은 無所依니 雖無所依나 能

령삼천 대 천 세 계 　　이 득 안 주
令三千大千世界로 而得安住인달하니라

"그러므로 땅둘레는 물둘레를 의지하고, 물둘레는
바람둘레를 의지하고, 바람둘레는 허공을 의지하고, 허
공은 의지한 데가 없으니, 비록 의지한 데가 없으나 삼
천대천세계로 하여금 능히 머물게 하느니라."

땅과 물과 바람이 모두 궁극에는 허공을 의지하지만 허
공은 어디 의지하는 데가 없다. 그러면서 이 삼천대천세계를
능히 머물게 한다. 우주공간에서 지구를 위시해서 태양과 무
수한 별들이 모두 허공을 의지해서 안주하는 것과 같다.

불 자 　여 래 출 현 　역 부 여 시 　　의 무 애 혜 광
佛子야 如來出現도 亦復如是하야 依無礙慧光

명 　　기 불 사 종 대 지 풍 륜 　　능 지 일 체 중 생 선
明하사 起佛四種大智風輪하야 能持一切衆生善

근
根하나니

"불자여, 여래의 출현도 또한 그와 같아서 걸림 없는 지혜 광명을 의지하여 부처님의 네 가지 큰 지혜 바람둘레를 일으켜서 능히 일체 중생의 착한 뿌리를 지니게 하느니라."

그렇다면 여래는 어떻게 출현하는가. 걸림 없는 지혜 광명을 의지하여 부처님의 네 가지 큰 지혜 바람둘레를 일으켜서 능히 일체 중생의 착한 뿌리를 지니게 한다. 만약 이와 같은 일이 없다면 여래의 출현은 아무런 의미가 없다.

하 등   위 사   소 위 보 섭 중 생   개 령 환 희 대
何等이 **爲四**오 **所謂普攝衆生**하야 **皆令歡喜大**

지 풍 륜
智風輪과

"무엇이 넷인가. 이른바 중생들을 모두 거두어 주어 모두 다 환희케 하는 큰 지혜 바람둘레이니라."

먼저 중생들을 모두 거두어 주어 모두 다 환희케 하는 큰 지혜가 없다면 여래의 출현은 아무런 의미가 없다.

건립정법 영제중생 개생애락대지풍
建立正法하야 **令諸眾生**으로 **皆生愛樂大智風**

륜
輪과

"바른 법을 세워서 모든 중생들로 하여금 사랑과 즐거움을 내게 하는 큰 지혜 바람둘레이니라."

다음으로 정법을 널리 설하여 모든 중생들로 하여금 그 법을 듣고 애착하고 즐거움을 내게 하는 지혜가 없다면 여래의 출현은 아무런 의미가 없다.

수호일체중생선근대지풍륜
守護一切眾生善根大智風輪과

"일체 중생의 착한 뿌리를 수호하는 큰 지혜 바람둘

레이니라."

또 일체 중생의 정직한 일과 선량한 일과 육바라밀의 일과 사무량심과 사섭법이라는 선근을 지켜 주는 지혜가 없다면 여래의 출현은 아무런 의미가 없다.

구 일 체 방 편　　　통 달 무 루 계 대 지 풍 륜　　　시
具一切方便하야 **通達無漏界大智風輪**이니 **是**

위 사
爲四니라

"일체 방편을 갖추어 새지 않는 경계를 통달하는 큰 지혜 바람둘레이니, 이것이 넷이니라."

중생을 제도하는 일체 방편을 모두 갖추어 새지 않는 경계를 통달하는 큰 지혜를 구족하는 것이 여래 출현의 뜻이다.

불자　　제불세존　　대자구호일체중생
佛子야 諸佛世尊이 大慈救護一切衆生하시며

대비도탈일체중생　　대자대비　　보변요익
大悲度脫一切衆生하사 大慈大悲로 普徧饒益이나

"불자여, 모든 부처님 세존은 크게 사랑함[大慈]으로
일체 중생을 구호하고, 크게 불쌍히 여김[大悲]으로 일체
중생을 제도하여 해탈케 하고, 대자대비로 두루 이익케
하느니라."

크게 사랑함[大慈]은 일체 중생에게 즐거움을 주는 일이고
크게 불쌍히 여김[大悲]은 일체 중생의 고통을 없애 주는 일이
다. 또 대자대비는 고통을 없애고 즐거움을 주는 이 모든 것
으로 두루 이익케 함이다.

연　　　대자대비　　의대방편선교　　대방편선
然이나 大慈大悲는 依大方便善巧요 大方便善

교　　의여래출현　　여래출현　　의무애혜광명
巧는 依如來出現이요 如來出現은 依無礙慧光明

이요 無礙慧光明은 無有所依니라
무 애 혜 광 명　　무 유 소 의

"그러나 대자대비는 크고 교묘한 방편을 의지하고, 크고 교묘한 방편은 여래의 출현을 의지하고, 여래의 출현은 걸림 없는 지혜 광명을 의지하고, 걸림 없는 지혜 광명은 의지한 데가 없느니라."

반대로 다시 설명하면 걸림 없는 지혜 광명에서 여래가 출현하고, 여래가 출현하여 크고 교묘한 방편이 생겼고, 크고 교묘한 방편은 곧 대자대비로 중생을 제도하는 것으로 표현된다.

佛子야 是爲如來應正等覺의 出現第九相이니
불 자　　시 위 여 래 응 정 등 각　　출 현 제 구 상

菩薩摩訶薩이 應如是知니라
보 살 마 하 살　　응 여 시 지

"불자여, 이것이 여래 응공 정등각이 출현하는 아홉째 모양이니 보살마하살은 마땅히 이와 같이 알아야 하

느니라."

10〉 여래 출현의 제10상相의 비유

<ruby>復<rt>부</rt></ruby><ruby>次<rt>차</rt></ruby><ruby>佛<rt>불</rt></ruby><ruby>子<rt>자</rt></ruby>야 <ruby>譬<rt>비</rt></ruby><ruby>如<rt>여</rt></ruby><ruby>三<rt>삼</rt></ruby><ruby>千<rt>천</rt></ruby><ruby>大<rt>대</rt></ruby><ruby>千<rt>천</rt></ruby><ruby>世<rt>세</rt></ruby><ruby>界<rt>계</rt></ruby>가 <ruby>旣<rt>기</rt></ruby><ruby>成<rt>성</rt></ruby><ruby>就<rt>취</rt></ruby><ruby>已<rt>이</rt></ruby>에

부차불자 비여삼천대천세계 기성취이
復次佛子야 譬如三千大千世界가 旣成就已에

요익무량종종중생 소위수족중생 득수
饒益無量種種衆生하나니 所謂水族衆生은 得水

요익 육지중생 득지요익 궁전중생 득
饒益하고 陸地衆生은 得地饒益하고 宮殿衆生은 得

궁전요익 허공중생 득허공요익
宮殿饒益하고 虛空衆生은 得虛空饒益인달하야

"또 불자여, 비유컨대 삼천대천세계가 이미 성취하
고는 한량없는 갖가지 중생을 이익케 하나니, 이른바
물의 중생은 물의 이익을 얻고, 육지 중생은 땅의 이익
을 얻고, 궁전 중생은 궁전의 이익을 얻고, 허공 중생은
허공의 이익을 얻느니라."

우리가 사는 이 지구가 만들어진 뒤에 지구에 의지해서
살아가면서 이익을 보는 중생들이 얼마나 많은가. 예컨대

물에 사는 중생들은 물로 인해서 이익을 보고, 육지에 사는 중생들은 육지로 인해서 이익을 본다. 지구의 75%가 물이기 때문에 물에 사는 중생이 육지에 사는 중생보다 훨씬 많으므로 물의 중생을 먼저 든 것이다.

如來出現도 亦復如是하야 種種饒益無量衆生하나니 所謂見佛生歡喜者는 得歡喜益하고 住淨戒者는 得淨戒益하고 住諸禪定과 及無量者는 得聖出世大神通益하고

"여래의 출현도 또한 그와 같아서 갖가지로 한량없는 중생을 이익하게 하느니라. 이른바 부처님을 보고 환희하는 이는 환희하는 이익을 얻고, 깨끗한 계율에 머무는 이는 깨끗한 계율의 이익을 얻고, 모든 선정과 한량없는 데 머무는 이는 성인이 출세하는 데 큰 신통의 이익을 얻느니라."

여래가 이 세상에 출현하시어 이익을 얻는 중생들은 또 얼마나 많은가. 어느 지역에 하나의 사찰이 건립되어도 그 사찰로 인해서 이익을 보는 이들이 무수히 많다. 하물며 불교 전체에서 볼 때 불교로 인하여 이익을 보는 이들은 무량무수하다. 부처님을 친견하기만 해도 환희심이 넘친다. 계행을 배워 잘 지키므로 이익을 보는 이들은 또 얼마나 많은가. 그 사례를 낱낱이 다 들자면 끝이 없으리라.

주 법 문 광 명 자　득 인 과 불 괴 익　주 무 소 유
住法門光明者는 得因果不壞益하고 住無所有

광 명 자　득 일 체 법 불 괴 익　시 고　설 언 여 래
光明者는 得一切法不壞益이라 是故로 說言如來

출 현　요 익 일 체 무 량 중 생
出現에 饒益一切無量衆生이니라

"법문의 광명에 머무는 이는 인과의 과보가 무너지지 않는 이익을 얻고, 아무것도 없는 광명에 머무는 이는 온갖 법이 무너지지 않는 이익을 얻느니라. 그러므로 말하기를 여래의 출현은 한량없는 일체 중생을 이익

하게 한다 하느니라."

무엇보다 법문의 진리 광명으로 인과의 이치를 알게 되고 믿게 되고 깨닫게 되어 인생을 더 가치 있게 순리대로 살아가는 사람들이 얻는 이익은 이루 말할 수 없을 것이다. 나아가서 무소유나 무소득의 진리 광명에 머무는 이들은 그 얻는 이익이 불가사의하리라. 이처럼 여래가 세상에 출현한 이익을 어찌 필설로 다 표현하겠는가.

佛子야 是爲如來應正等覺의 出現第十相이니 菩

薩摩訶薩이 應如是知니라

"불자여, 이것이 여래 응공 정등각이 출현하는 열째 모양이니 보살마하살은 마땅히 이와 같이 알아야 하느니라."

(3) 여래 출현을 알면 모든 것을 안다

불 자   보 살 마 하 살   지 여 래 출 현   즉 지 무
佛子야 **菩薩摩訶薩**이 **知如來出現**하면 **則知無**

량   지 성 취 무 량 행 고
量이니 **知成就無量行故**며

"불자여, 보살마하살이 여래의 출현함을 알면 곧 한
량없음을 아나니, 한량없는 행을 성취함을 아는 연고이
니라."

여래가 출현한 사실의 일체를 앎으로 모든 것을 따라 안
다는 것을 낱낱이 밝혔다. 먼저 한량없음을 아는 것은 한량
없는 행을 아는 것이다. 여래가 세상에 출현한 일은 그 자체
가 곧 한량없는 일이다. 즉 여래의 출현을 달리 표현하면 '한
량없음'이라고 한다.

즉 지 광 대   지 주 변 시 방 고
則知廣大니 **知周徧十方故**며

"곧 광대함을 아나니, 시방에 두루 함을 아는 연고이

니라."

　여래 출현을 알면 곧 광대함을 아는데 그 광대함이란 시
방에 두루 함을 뜻한다. 여래가 세상에 출현한 일은 곧 광대
함이다. 그 사실보다 더 광대한 일이 무엇이 있겠는가.

　　　즉　지　무　래　거　　　지　리　생　주　멸　고
　　則知無來去니 **知離生住滅故**며

　"곧 오고 감이 없음을 아나니, 나고 머물고 사라짐을
여읜 줄을 아는 연고이니라."

　여래 출현을 알면 곧 거래가 없음을 안다. 여래가 세상에
출현한 일을 이 세상에 오신 것[來]이라 하지만 실은 오되 온
것이 아니고 가도 또한 간 것이 아니기 때문이다. 여래의 오
고 감은 생주이멸과 생로병사를 다 떠난 경지이다.

즉 지 무 행 무 소 행　　　지 리 심 의 식 고
則知無行無所行이니 **知離心意識故**며

"곧 행함도 없고 행할 바도 없음을 아나니, 마음과
뜻과 인식을 여윔을 아는 연고이니라."

무엇을 행하고 행할 것이 있다는 것은 모두가 마음의 작
용인데 여래가 출현한 사실은 마음과 뜻과 인식[心意識]을 다
떠난 경지이기 때문에 여래가 세상에 출현하더라도 곧 행함
도 없고 행할 바도 없음을 안다.

즉 지 무 신　　　지 여 허 공 고
則知無身이니 **知如虛空故**며

"곧 몸이 없음을 아나니, 허공과 같음을 아는 연고이
니라."

여래가 세상에 출현하였다고 해서 어떤 몸을 가지고 출
현한 것이 아니다. 여래는 본래 몸이 없다. 만약 여래가 몸
이 있다면 이미 법계에 충만해 있는 것[佛身充滿於法界]이어서 마

치 허공과 같다. 여래의 출현으로 그와 같은 몸을 안다.

즉 지 평 등　　지 일 체 중 생　개 무 아 고
則知平等이니 **知一切衆生**이 **皆無我故**며

"곧 평등함을 아나니, 일체 중생이 다 '나'가 없음[無
我]을 아는 연고이니라."

　여래나 일체 중생이나 모두 평등하게 무아無我라는 원칙
에 있어서는 다를 바가 없다. 여래의 출현으로 그와 같은 이
치를 아는 것이다.

즉 지 무 진　　지 변 일 체 찰 무 유 진 고
則知無盡이니 **知徧一切刹無有盡故**며

"곧 다함이 없음을 아나니, 일체 세계에 두루 하여
다하는 일이 없음을 아는 연고이니라."

　여래는 세상에 출현하든 출현하지 않든 이미 다함이 없

다. 무한 과거 이전부터 무한 미래 이후까지 일체 세계와 일체 시간에 두루 하여 다함이 없다.

즉 지 무 퇴　지 진 후 제 무 단 절 고
則知無退니 **知盡後際無斷絶故**며

"곧 물러남이 없음을 아나니, 오는 세상이 끝나도록 끊어짐이 없음을 아는 연고이니라."

여래는 세상에서 물러남이 없으므로 나아감도 없다. 무한한 과거에서 무한한 미래에까지 단 일 초도 끊어짐이 없다. 그러므로 여래의 실상을 역사적인 사실에서 보여 준 것과 같이 알면 안 된다. 실로 여래는 출현하였으나 출현한 바도 없고 열반하였으나 일찍이 열반한 바도 없다.

즉 지 무 괴　지 여 래 지　무 유 대 고
則知無壞니 **知如來智**가 **無有對故**며

"곧 무너짐이 없음을 아나니, 여래의 지혜는 상대가

없음을 아는 연고이니라."

세상 사람들의 지혜는 어떤 일이나 사람이나 대상이 있으므로 생기는 것이지만 여래의 지혜는 대상이 있고 없음에 관계없다. 그래서 이뤄지고 무너짐이 아예 없다.

즉 지 무 이　　지 평 등 관 찰 위 무 위 고
則知無二니 **知平等觀察爲無爲故**며

"곧 둘이 없음을 아나니, 함[爲]과 함이 없음[無爲]을 평등하게 살필 줄 아는 연고이니라."

여래의 출현으로 일체가 둘이 없는 이치를 안다. 유마경은 이 둘이 없는 이치[不二]를 궁극의 경지로 삼는다. 유위와 무위뿐만 아니라 일체 현상은 모두 둘이지만 그 둘인 가운데서 둘이 없이 평등하게 관찰한다.

즉 지 일 체 중 생　　개 득 요 익　　　본 원 회 향　　　자
則知一切衆生이 **皆得饒益**이니 **本願廻向**하야 **自**

재 만 족 고
在滿足故니라

"곧 일체 중생이 모두 이익 얻음을 아나니, 본래 서
원을 회향하여 자유자재하게 만족한 연고이니라."

여래가 이 세상에 출현함으로 일체 중생은 큰 이익을 얻
는다. 일체 중생에게 큰 이익을 얻게 하는 것은 여래의 본래
의 서원을 회향하는 일이다. 여래가 세상에 출현한 목적을
분명하게 드러내었다.

(4) 게송으로 거듭 밝히다

1〉 여래가 출현하는 법은 헤아리기 어렵다

이 시　　보 현 보 살 마 하 살　　욕 중 명 차 의　　　이
爾時에 **普賢菩薩摩訶薩**이 **欲重明此義**하사 **而**

설 송 언
說頌言하사대

그때에 보현보살마하살이 이 뜻을 거듭 밝히려고 게송을 설하였습니다.

십 력 대 웅 최 무 상
十力大雄最無上이

비 여 허 공 무 등 등
譬如虛空無等等하사

경 계 광 대 불 가 량
境界廣大不可量이며

공 덕 제 일 초 세 간
功德第一超世間이로다

열 가지 힘 크신 영웅 가장 높으며

허공과 같아서 같을 이 없이 같네.

경계가 넓고 커서 측량 못하니

공덕이 제일이며 세간을 초월했도다.

여래의 출현은 그 법이 깊고 깊어서 헤아리기 어렵다. 먼저 여래를 표현하는 데 가장 많이 등장하는 말이 '열 가지 힘'[4]이다. 또 '큰 영웅[大雄]' '가장 높음' '같을 이 없으면서 같

---

4) 열 가지 힘[十力] : 부처님만이 갖추고 있는 열 가지 지혜의 능력.

① 처비처지력處非處智力 : 이치에 맞는 것과 맞지 않는 것을 분명히 구별하는 능력.

② 업이숙지력業異熟智力 : 선악의 행위와 그 과보를 아는 능력.

③ 정려해탈등지등지지력靜慮解脫等持等至智力 : 모든 선정禪定에 능숙함.

은 분[無等等]' 등으로 설명하지만 그 말은 실로 큰 바다의 한 방울 물도 안 된다. 그 경계는 넓고 커서 헤아릴 수 없으며 그 공덕은 우주법계에 제일이어서 온 세간을 초월하였다. 어찌 언어로 표현하겠는가.

십 력 공 덕 무 변 량
十力功德無邊量하사　　심 의 사 량 소 불 급
心意思量所不及이니

인 중 사 자 일 법 문
人中獅子一法門을　　중 생 억 겁 막 능 지
衆生億劫莫能知로다

열 가지 힘의 공덕은 한량이 없어

마음으로 생각해도 못 미치나니

사람 중 사자의 한 가지 법문을

---

④ 근상하지력根上下智力 : 중생의 능력이나 소질의 우열을 아는 능력.

⑤ 종종승해지력種種勝解智力 : 중생의 여러 가지 뛰어난 판단을 아는 능력.

⑥ 종종계지력種種界智力 : 중생의 여러 가지 근성을 아는 능력.

⑦ 변취행지력遍趣行智力 : 어떠한 수행으로 어떠한 상태에 이르게 되는지를 아는 능력.

⑧ 숙주수념지력宿住隨念智力 : 중생의 전생을 기억하는 능력.

⑨ 사생지력死生智力 : 중생이 죽어 어디에 태어나는지를 아는 능력.

⑩ 누진지력漏盡智力 : 번뇌를 모두 소멸시키는 능력.

중생들이 억겁에도 알지 못하도다.

열 가지 힘을 갖추신 부처님의 공덕은 한량이 없어서 언어의 길이 끊어지고 마음으로도 헤아리지 못한다. 또 부처님을 동물 중에 가장 힘이 센 사자에다 비유하여 '사람 사자'라고도 한다. 부처님의 한 가지 법문을 중생은 억겁 동안 알려고 하여도 알지 못한다. 그와 같은 법문을 여래는 팔만사천이나 설하셨다.

시 방 국 토 쇄 위 진
十方國土碎爲塵은

혹 유 산 계 지 기 수
或有算計知其數이니와

여 래 일 모 공 덕 량
如來一毛功德量은

천 만 억 겁 무 능 설
千萬億劫無能說이로다

시방국토를 다 부수어 만든 먼지를
혹 계산하여 그 수효 알 수 있을지라도
여래의 한 털끝에 있는 공덕의 양은
천만 억겁에 말하여도 다할 수 없도다.

법계의 경계가 끝이 없고, 진여자성의 경계가 끝이 없고, 법성의 경계가 끝이 없고, 깨달음의 경계가 끝이 없고, 부처님의 경계가 끝이 없고, 마음의 경계가 끝이 없고, 사람의 경계가 끝이 없다. 천만 억겁 동안 말한다 한들 어찌 다 말할 수 있겠는가.

여인지척양허공
如人持尺量虛空이어든　復有隨行計其數호대
부유수행계기수

허공변제불가득
虛空邊際不可得하야　**如來境界亦如是**로다
여래경계역여시

어떤 사람이 자를 들고 허공을 재는데
다른 이가 따라가며 그 수효를 세어도
허공이 끝난 데를 찾을 수 없듯이
여래의 경계도 또한 그와 같도다.

만약 허공이 끝이 있다면 아무리 멀리 있어도 그 끝을 잴 수 있겠지만 허공은 끝이 없기 때문에 그 끝을 잴 수 없다. 여래의 경계 또한 드넓은 허공과 같아서 그 끝을 알 수가 없다.

혹 유 능 어 찰 나 경   실 지 삼 세 중 생 심
或有能於剎那頃에   **悉知三世衆生心**이어니와

설 경 중 생 수 등 겁   불 능 지 불 일 념 성
設經衆生數等劫이라도   **不能知佛一念性**이로다

혹 어떤 이가 찰나 동안에

세 세상 중생 마음 다 안다 하더라도

중생 수효 같은 겁을 지내면서도

부처님의 찰나 성품 알지 못하도다.

한 찰나 동안에 과거 현재 미래 모든 중생의 마음은 다
알 수 있지만 중생의 수효만큼이나 많은 겁 동안 부처님의
한순간의 성품을 알려 한다면 그것은 알지 못한다.

비 여 법 계 변 일 체   불 가 견 취 위 일 체
譬如法界徧一切호대   **不可見取爲一切**인달하야

십 력 경 계 역 부 연   변 어 일 체 비 일 체
十力境界亦復然하야   **徧於一切非一切**로다

비유하면 법계가 일체에 두루 하지만

그를 보고 일체라고 할 수 없듯이
열 가지 힘 경계도 그와 같아서
일체에 두루 하나 일체가 아니로다.

다시 부연하면 법계가 일체에 두루 하지만 법계를 보고
일체라고는 할 수 없듯이 부처님의 경계도 일체에 두루 하지
만 부처님의 경계가 일체는 아니다. 다시 또 비유하면 부모
는 자식들에게 그 마음이 두루 하지만 그 부모를 보고 자식
이라고는 할 수 없는 것과 같다.

진여이망항적정
眞如離妄恒寂靜하야
무생무멸보주변
無生無滅普周徧하니

제불경계역부연
諸佛境界亦復然하야
체성평등부증감
體性平等不增減이로다

진여眞如는 허망함을 떠나 항상 고요해
생도 없고 멸도 없이 두루 하나니
부처님의 경계도 그와 같아서
자체 성품 평등하여 증감 없도다.

진여는 곧 부처님이고 부처님은 곧 진여다. 그래서 진여를 알면 부처님을 아는 것이고 부처님을 안다는 것은 곧 진여를 안다는 것이다. 진여와 부처님은 둘이 아니다. 진여는 모든 존재의 근본 성품이다. 또 모든 존재의 근본 성품은 일체 현상으로 작용하여 나타난다. 그래서 일체 현상이 곧 진여의 나타남이다. 현상인 진여와 진여인 현상은 허망을 떠나 고요하다 하였고, 생멸이 없다 하였고, 널리 두루 하다 하였고, 부증불감이라 하였다.

비 여 실 제 이 비 제
譬如實際而非際라

보 재 삼 세 역 비 보
普在三世亦非普인달하야

도 사 경 계 역 여 시
導師境界亦如是하야

변 어 삼 세 개 무 애
徧於三世皆無礙로다

비유하면 실제라도 실제가 아니며

세 세상에 두루 하나 두루 한 것 아니듯이

도사導師님의 경계도 그와 같아서

세 세상에 두루 하여 걸림 없도다.

실제實際란 진여법성眞如法性이다. 온갖 법의 끝이 되는 곳이므로 실제라 하고, 또 진여의 진실한 이치[實理]를 증득하여 그 궁극窮極에 이르므로 진실의 경지[實際]라고 한다. 그래서 실제는 실제가 아니며, 삼세에 두루 하면서 또한 두루 한 것도 아니다. 실제는 곧 여래의 경계이며 여래의 경계가 곧 실제이다.

법 성 무 작 무 변 역
法性無作無變易이

유 여 허 공 본 청 정
猶如虛空本清淨하니

제 불 성 정 역 여 시
諸佛性淨亦如是하야

본 성 비 성 이 유 무
本性非性離有無로다

법의 성품 지음 없고 변치도 않아
마치 허공이 본래 청정하듯이
부처님의 성품이 청정함도 그와 같아서
본성품은 성품이 아니라 유와 무를 떠났도다.

법성法性은 곧 모든 부처님의 본성품이며 부처님의 본성품은 곧 법성이다. 법성은 지음도 없고 변하지도 않는다. 그래서 마치 허공이 텅 비어 본래 청정한 것과도 같다.

법 성 부 재 어 언 론　　　무 설 이 설 항 적 멸
法性不在於言論이라　　**無說離說恒寂滅**하니

십 력 경 계 성 역 연　　　일 체 문 사 막 능 변
十力境界性亦然하야　　**一切文辭莫能辨**이로다

법의 성품 언론言論에 있지 않나니

말이 없고 말을 떠나 항상 고요해

열 가지 힘의 경계 성품 그와 같아서

일체의 글과 말로 분별하지 못하도다.

　법성은 언어로 표현되는 것이 아니다. 그래서 법성게에서
"법성은 원융하여 두 가지 모양이 없고 모든 법은 움직임이
없어 본래로 고요하다."[5]라고 하였다. 여래의 경계와 성품
도 그와 같아서 일체 글이나 말로 설명할 수 없다.

---

5) 法性圓融無二相 諸法不動本來寂.

요 지 제 법 성 적 멸 　　　　　여 조 비 공 무 유 적
了知諸法性寂滅이　　　**如鳥飛空無有跡**호대

이 본 원 력 현 색 신 　　　　　영 견 여 래 대 신 변
以本願力現色身일새　　　**令見如來大神變**이로다

법의 성품 적멸한 줄 분명히 아나

허공에 나는 새의 자취 없는 듯

본서원의 힘으로 육신을 나타내어

여래의 신통변화 보게 하도다.

여래는 적멸한 법성 그대로이고, 법성 또한 그대로가 여래다. 여래든 법성이든 그 본성은 적멸하지만 적멸한 법성 위에 본래의 원력으로 온갖 작용을 나타내 보이고, 육신도 나타내어 신통변화를 보게 한다. 그래서 여래의 신통변화는 공중조적空中鳥蹟이라 하여 마치 새가 공중을 날아가도 그 자취가 없는 것과 같다.

2) 설할 것을 허락하다

약 유 욕 지 불 경 계 　　　　　당 정 기 의 여 허 공
若有欲知佛境界인댄　　　**當淨其意如虛空**이니

원 리 망 상 급 제 취　　　영 심 소 향 개 무 애
遠離妄想及諸取하야　　**令心所向皆無礙**어다

만약 어떤 이가 부처님 경계 알고자 하면

그 뜻을 깨끗이 하기를 허공과 같이 하며

망상과 모든 집착 멀리 여의고

마음의 향하는 곳 걸림 없을지어다.

이 게송은 화엄경에서 손꼽는 명구다. 만약 부처님의 경계를 알고자 한다면 그 뜻 그 마음을 청정하게 텅 비우기를 허공과 같이 하라. 온갖 번뇌 망상과 모든 집착을 멀리 떠나보내고 마음이 어디를 향하든 가는 곳마다 걸림이 없게 하라. 그와 같이 된다면 그곳이 곧 여래의 경계이리라.

시 고 불 자 응 선 청　　　아 이 소 비 명 불 경
是故佛子應善聽하라　　**我以少譬明佛境**호니

십 력 공 덕 불 가 량　　　위 오 중 생 금 약 설
十力功德不可量이로대　　**爲悟衆生今略說**이로다

그러므로 불자들은 잘 들을지니

나는 작은 비유로써 부처님 경계 밝히고

열 가지 힘의 공덕을 측량 못하나

중생을 깨우치려 이제 조금 말하리라.

부처님의 경계와 부처님의 큰 공덕을 측량할 수 없지만
미혹한 중생들을 깨우치기 위하여 작은 비유를 들어 간략히
밝히게 되었음을 밝혔다.

도사 소 현 어 신 업　　　어 업 심 업 제 경 계
導師所現於身業과　　**語業心業諸境界**와

전 묘 법 륜 반 열 반　　　일 체 선 근 아 금 설
轉妙法輪般涅槃과　　**一切善根我今說**이로다

도사導師의 나타내신 몸의 업이나

말의 업과 마음의 업 모든 경계와

묘한 법륜 굴리고 열반에 드는

일체의 착한 뿌리 내가 이제 설하도다.

여래출현품은 여래 출현과, 몸의 업과, 말의 업과, 마음

의 업과, 경계와, 행과, 성도와, 법륜을 굴리는 일과, 열반과, 보고 듣고 친근하여 생긴 선근 등 열 가지를 설한 내용임을 다시 밝혔다.

3〉 대천세계가 성립한 까닭

비 여 세 계 초 안 립
譬如世界初安立에

비 일 인 연 이 가 성
非一因緣而可成이요

무 량 방 편 제 인 연
無量方便諸因緣으로

성 차 삼 천 대 천 계
成此三千大千界인달하야

비유하면 세계가 처음으로 생겨날 적에

한 가지 인연으로 된 것 아니요

한량없는 방편과 모든 인연으로

이 삼천대천세계 이루었듯이

여 래 출 현 역 여 시
如來出現亦如是하사

무 량 공 덕 내 득 성
無量功德乃得成이니

찰 진 심 념 상 가 지
刹塵心念尙可知어니와

십 력 생 인 막 능 측
十力生因莫能測이로다

여래의 출현함도 그와 같아서
한량없는 공덕으로 이룬 것이니
세계의 먼지 같은 마음은 오히려 안다 하여도
십력十力의 생긴 인연은 측량 못하도다.

앞의 장문長文에서 여래가 세상에 출현할 때의 인연을 열 가지 비유를 들어 밝혔는데 그 첫 번째 비유를 게송으로 설한 내용이다.

작은 미세먼지가 생긴 인연이나 나무 한 그루, 풀 한 포기가 생긴 인언이나 작은 곤충, 벌레 한 마리가 생긴 인연이나 평범한 한 사람이 생긴 인연이나 여래가 이 세상에 출현하신 인연이나 모두가 어떤 한 가지 인연이나 한 가지 사실로써 이루어진 것이 아니다. 한량없는 인연과 한량없는 사실이 동원되어 이루어진 것이다. 부처님의 그 많고 많은 인연을 어찌 알겠는가.

비 여 겁 초 운 주 우
譬如劫初雲澍雨에

이 기 사 종 대 풍 륜
而起四種大風輪하니

중생선근보살력　　　성차삼천각안주
衆生善根菩薩力으로　　**成此三千各安住**인달하야

비유하면 맨 처음에 큰 구름이 비를 퍼부어

네 가지 큰 바람둘레 일으키듯이

중생의 착한 뿌리와 보살의 힘으로

이 삼천대천세계가 생겨서 머물렀나니

십력법운역여시　　　기지풍륜청정의
十力法雲亦如是하야　　**起智風輪淸淨意**하고

석소회향제중생　　　보도영성무상과
昔所廻向諸衆生을　　**普導令成無上果**로다

십력의 법의 구름도 그와 같아서

지혜의 바람둘레와 청정한 뜻을 일으켜

옛적에 회향하온 여러 중생을

인도하여 위없는 과果를 이루게 하도다.

앞의 장문에서 여래가 세상에 출현할 때의 인연을 열 가

지 비유를 들어 밝힐 때 첫 번째 네 가지 바람둘레[風輪]를 들

고, 그 네 가지 바람둘레는 곧 여래가 출현할 때 나타난 네 가지 큰 지혜 바람둘레에 비유되었다. 장문에서 상세하게 설명하였다.

4〉 나머지 아홉 가지의 비유

여 유 대 우 명 홍 주
如有大雨名洪澍라

무 유 처 소 능 용 수
無有處所能容受요

유 제 세 계 장 성 시
唯除世界將成時에

청 정 허 공 대 풍 력
淸淨虛空大風力인달하야

퍼붓듯이 내리는 억수장마 비를

어디에도 받아 둘 처소 없건만

오직 대천세계 이뤄지려 할 때만

맑은 허공 큰 바람이 다스리듯이

여 래 출 현 역 여 시
如來出現亦如是하사

보 우 법 우 충 법 계
普雨法雨充法界하니

일 체 열 의 무 능 지
一切劣意無能持요

유 제 청 정 광 대 심
唯除淸淨廣大心이로다

여래의 출현함도 그와 같아서
법의 비를 널리 내려 법계에 가득하니
용렬한 소견으로는 못 지니지만
오직 청정하고 광대한 마음은 지닐지니라.

여래가 출현하는 두 번째 비유를 게송으로 밝혔다. 여래
가 출현하는 것을 열 가지 비유를 들어 밝혔는데 두 게송씩
으로 하나의 비유와 법을 설하였다. 두 번째는 '억수장마 비'
이다.

비 여 공 중 주 대 우　　　　무 소 종 래 무 소 거
譬如空中澍大雨에　　　無所從來無所去며

작 자 수 자 실 역 무　　　　자 연 여 시 보 충 흡
作者受者悉亦無호대　自然如是普充洽인달하야

비유하면 허공에서 큰 비를 퍼부을 적부터
온 데도 없고 간 데도 없고
짓는 이도 받을 이도 다 없지마는
자연히 저러하게 널리 흡족하듯이

십 력 법 우 역 여 시 　　　　무 거 무 래 무 조 작
十力法雨亦如是하야　　**無去無來無造作**이라

본 행 위 인 보 살 력 　　　　일 체 대 심 함 청 수
本行爲因菩薩力이니　　**一切大心咸聽受**로다

열 가지 힘의 법의 비도 그와 같아서

오고 가는 일 없고 지음도 없고

본래 행行이 원인되어 보살 힘으로

큰 마음 가진 모든 사람 받아 듣도다.

여래가 출현하는 세 번째 비유를 게송으로 밝혔다. 화엄
경의 법문은 대심중생大心衆生이라야 받아들인다는 것을 비유
를 들어 밝혔다.

비 여 공 운 주 대 우 　　　　일 체 무 능 수 기 적
譬如空雲澍大雨에　　**一切無能數其滴**이요

유 제 삼 천 자 재 왕 　　　　구 공 덕 력 실 명 료
唯除三千自在王이　　**具功德力悉明了**인달하야

비유하면 허공의 구름에서 내리는 큰 비

아무도 빗방울을 셀 수 없지만
오직 삼천세계 자재천왕은 셀 수 있을 것이니
공덕 힘을 갖추어 모두 다 알듯이

선 서 법 우 역 여 시　　　일 체 중 생 막 능 측
善逝法雨亦如是하야　　**一切衆生莫能測**이요

유 제 어 세 자 재 인　　　명 견 여 관 장 중 보
唯除於世自在人이　　**明見如觀掌中寶**로다

잘 가신 이[**善逝**]의 법의 비도 그와 같아서
모든 중생들은 헤아리지 못하지마는
오직 세상에 자재한 이는 헤아릴 것이니
손바닥에 있는 보배를 보는 듯하도다.

여래가 출현하는 네 번째 비유를 게송으로 밝혔다. 큰 비
가 내릴 때 그 빗방울의 숫자를 다 알 듯이 법의 빗방울을 세
상에서 자유자재한 분인 불보살들은 손바닥 위의 보물을 보
듯이 다 헤아리고 다 안다.

비 여 공 운 주 대 우
譬如空雲澍大雨에

능 멸 능 기 역 능 단
能滅能起亦能斷하며

일 체 진 보 실 능 성
一切珍寶悉能成하며

삼 천 소 유 개 분 별
三千所有皆分別인달하야

비유하면 허공의 구름에서 내리는 큰 비

없애고 일으키고 끊기도 하며

여러 가지 귀중한 보배 만들고

삼천세계 있는 것 다 분별하듯이

십 력 법 우 역 여 시
十力法雨亦如是하야

멸 혹 기 선 단 제 견
滅惑起善斷諸見하며

일 체 지 보 개 사 성
一切智寶皆使成하며

중 생 심 락 실 분 별
衆生心樂悉分別이로다

열 가지 힘의 법의 비도 그와 같아서

미혹은 없애고 선행은 일으켜 모든 소견 끊으며

여러 가지 지혜 보배 이루게 하고

중생들의 좋아함을 다 분별하도다.

여래가 출현하는 다섯 번째 비유를 게송으로 밝혔다. 큰 비가 내려서 온갖 작용을 하며 온갖 보배를 만들 듯이 부처님 법의 비도 그와 같아서 중생들로 하여금 미혹은 없애고 선행은 일으켜 모든 치우친 나쁜 소견 끊어 일체 지혜의 보배를 만들어 낸다.

비 여 공 중 우 일 미　　　　수 기 소 우 각 부 동
譬如空中雨一味에　　　隨其所雨各不同이나

기 피 우 성 유 분 별　　　　연 수 물 이 법 여 시
豈彼雨性有分別가　　　然隨物異法如是인달하야

비유하면 공중에서 내리는 비는 한 맛이지만
비로 적실 것을 따라서 같지 않나니
어찌 비의 성품에 분별이 있으랴만
사물이 다르므로 이치가 그와 같듯이

여 래 법 우 비 일 이　　　　평 등 적 정 이 분 별
如來法雨非一異라　　　平等寂靜離分別이나

연 수 소 화 종 종 수　　　　자 연 여 시 무 변 상
然隨所化種種殊하야　　自然如是無邊相이로다

여래의 법의 비도 같지도 다르지도 않아
평등하고 고요하여 분별없건만
교화할 바 갖가지가 다름을 따라
자연히 그와 같이 그지없도다.

여래가 출현하는 여섯 번째 비유를 게송으로 밝혔다. 부
처님 법의 맛은 한결같지만 법을 듣는 중생들은 근기와 수
준을 따라 법을 받아들이는 것이 각각 차별하고 무량무변
하다.

비 여 세 계 초 성 시　　　　　선 성 색 계 천 궁 전
譬如世界初成時에　　　　**先成色界天宮殿**하며

차 급 욕 천 차 인 처　　　　　건 달 바 궁 최 후 성
次及欲天次人處하며　　　**乾闥婆宮最後成**인달하야

비유하면 세계가 처음 이룰 때
형상세계 하늘궁전 먼저 생기고
다음에 욕심하늘 다음에 인간
건달바의 궁전은 나중에 이루듯이

여 래 출 현 역 여 시　　　선 기 무 변 보 살 행
如來出現亦如是하사　**先起無邊菩薩行**하며

차 화 락 적 제 연 각　　　차 성 문 중 후 중 생
次化樂寂諸緣覺하며　**次聲聞衆後衆生**이로다

여래의 출현함도 그와 같아서

그지없는 보살행 먼저 이루고

고요함을 즐기는 연각이 다음

그 다음은 성문 나중이 중생이로다.

여래가 출현하는 일곱 번째 비유를 게송으로 밝혔다. 부처님은 일생 동안 여러 가지의 법을 설하셨다. 그중에 가장 먼저 화엄경을 설하여 보살대승의 길을 가르치셨다. 즉 보살행이야말로 부처님이 출현하신 본래의 목적이라는 뜻이다. 그러나 보살대승의 법을 따르지 못하는 사람들을 위하여 다음 차원의 법인 연기의 이치를 설하여 차별한 현상의 존재 원리를 알게 하였다. 그마저 받아들이지 못하는 사람들을 위해서는 적정열반에 깊이 안주하여 고통을 소멸하는 길을 열어 보였다.

제 천 초 견 연 화 서　　　　　지 불 당 출 생 환 희
諸天初見蓮華瑞하고　　　**知佛當出生歡喜**하나니

수 연 풍 력 기 세 간　　　　　궁 전 산 천 실 성 립
水緣風力起世間하야　　　**宮殿山川悉成立**이로다

모든 천신들이 연꽃 상서祥瑞 처음 보고서

부처님이 출현하시리라 환희하더니

물 인연과 바람의 힘으로 세간이 생기고

궁전과 산과 강이 모두 생기고

여 래 숙 선 대 광 명　　　　　교 별 보 살 여 기 기
如來宿善大光明으로　　　**巧別菩薩與其記**하시니

소 유 지 륜 체 개 정　　　　　각 능 개 시 제 불 법
所有智輪體皆淨하야　　　**各能開示諸佛法**이로다

여래의 지난 세상 선근의 큰 광명이

보살 근기 분별하여 수기를 주고

지혜의 바람둘레 모두 청정해

제각기 부처님 법 열어 보이도다.

여래가 출현하는 여덟 번째 비유를 게송으로 밝혔다. 물

의 인연과 바람의 힘으로 세간이 생기고 차례대로 궁전과 산
과 강이 모두 생기듯이, 여래는 지난 세상 선근의 큰 광명으
로 보살들의 근기를 분별하여 수기를 주고, 보살들이 가진
지혜의 바람둘레가 모두 청정해서 제각기 부처님 법을 열어
보인다.

비 여 수 림 의 지 유
譬如樹林依地有하며

지 의 어 수 득 불 괴
地依於水得不壞하며

수 륜 의 풍 풍 의 공
水輪依風風依空호대

이 기 허 공 무 소 의
而其虛空無所依인달하야

비유하면 나무숲은 땅덩이를 의지해 있고
땅은 물을 의지해서 무너지지 않으며
물은 바람을 의지하고 바람은 허공을 의지하되
그렇지만 허공은 의지함이 없듯이

일 체 불 법 의 자 비
一切佛法依慈悲하며

자 비 부 의 방 편 립
慈悲復依方便立하며

방 편 의 지 지 의 혜　　무 애 혜 신 무 소 의
方便依智智依慧호대　**無礙慧身無所依**로다

모든 불법은 자비를 의지하고

자비는 좋은 방편 의지해 있고

방편은 지智를 의지하고 지는 혜慧를 의지하되

걸림 없는 혜신慧身은 의지할 데 없도다.

여래가 출현하는 아홉 번째 비유를 게송으로 밝혔다. 모
든 불법은 자비를 의지하고, 자비는 좋은 방편을 의지하고,
방편은 지智를 의지하고, 지는 다시 혜慧를 의지하였으나, 여
래의 걸림 없는 지혜의 몸은 의지함이 없음을 비유하였다.

비 여 세 계 기 성 립　　일 체 중 생 획 기 리
譬如世界旣成立에　**一切衆生獲其利**하나니

지 수 소 주 급 공 거　　이 족 사 족 개 몽 익
地水所住及空居와　**二足四足皆蒙益**인달하야

비유컨대 세계가 이루어진 뒤에는

여러 종류 중생들 이익 얻나니

땅과 물과 허공에 사는 것들과

두 발 네 발 가진 중생 다 이익하게 하듯이

법 왕 출 현 역 여 시　　　　일 체 중 생 획 기 리
法王出現亦如是하사　　　**一切衆生獲其利**하나니

약 유 견 문 급 친 근　　　　실 사 멸 제 제 혹 뇌
若有見聞及親近이면　　　**悉使滅除諸惑惱**로다

법왕法王의 출현함도 그와 같아서

여러 종류 중생들 이익 얻나니

보는 이나 듣는 이 친근히 하면

모두 다 번뇌 의혹을 소멸케 하도다.

여래가 출현하는 열 번째 비유를 게송으로 밝혔다. 땅 위에서 땅을 의지하여 살아가는 온갖 중생이 얼마나 많은 이익을 얻는가. 그와 같이 여래가 이 땅에 출현하므로 많고 많은 중생들이 이익을 얻는다. 혹은 보기만 해도 이익을 얻고, 혹은 듣기만 해도 이익을 얻는다. 번뇌를 떠나 고통에서 벗어나기도 하고, 큰 즐거움을 누리기도 한다. 또는 불보살의

명호 하나만으로 큰 의지가 되기도 한다. 또 불법이라는 가르침에 눈을 떠서 일체 존재의 실상을 깨닫기도 하고, 또는 화엄경을 만나 큰 환희심을 얻기도 한다. 참으로 팔만사천 중생이 팔만사천 가지의 이익을 얻는다.

5) 여래 출현의 다함없음을 맺다

여 래 출 현 법 무 변
如來出現法無邊이어늘　세 간 미 혹 막 능 지
世間迷惑莫能知일새

위 욕 개 오 제 함 식
爲欲開悟諸含識하야　무 비 유 중 설 기 비
無譬喩中說其譬로다

여래가 출현하는 법 그지없거늘

세간은 미혹하여 알지 못하니

모든 중생 깨우치려고

비유할 수 없는 데서 비유를 설하였도다.

실로 여래가 출현하신 일은 그 의미가 한량없고 그지없어서 그 어떤 비유로도 밝힐 수 없는 사실이다. 그러나 중생들을 깨우치기 위하여 부족한 비유지만 비유를 들어 설한 것이다.

이것으로 여래가 세상에 출현하는 일에 대한 열 가지 중 첫 번째인 출현 그 자체에 대한 의미를 설하여 마쳤다. 이 여래출현품은 장문과 게송이 각각 열 가지로 체계를 이루어 그 어떤 경문보다 짜임이 완벽하다 하겠다.

2) 여래의 신업身業을 답하다

(1) 여래의 신업을 모두 밝히다

불자   제 보 살 마 하 살   응 운 하 견 여 래 응 정
佛子야 **諸菩薩摩訶薩**이 **應云何見如來應正**

등 각 신   불 자   제 보 살 마 하 살   응 어 무 량 처
等覺身고 **佛子**야 **諸菩薩摩訶薩**이 **應於無量處**에

견 여 래 신
見如來身이니

"불자여, 모든 보살마하살은 마땅히 어떻게 여래 응공 정등각의 몸을 보아야 하는가. 불자여, 모든 보살마하살은 마땅히 한량없는 곳에서 여래의 몸을 보아야 하

느니라."

　　여래가 출현하는 열 가지 사실에 대한 것 중 그 두 번째
인 여래의 신업身業을 밝혔다. 무엇이 여래의 몸인가. 보살은
마땅히 한량없는 곳에서 여래의 몸을 보아야 한다고 하였
다. "불신은 온 우주법계에 충만한데 인연을 따라서 중생들
앞에 나타난다."[6]고 하였다.

　　　하 이 고　　제 보 살 마 하 살　　불 응 어 일 법 일 사 일
　　何以故오 諸菩薩摩訶薩이 不應於一法一事一

　신 일 국 토 일 중 생　　견 어 여 래　　　응 변 일 체 처
　身一國土一衆生에 見於如來요 應徧一切處하야

견 어 여 래
見於如來니라

　　"왜냐하면 모든 보살마하살은 한 법이나 한 일이나
한 몸이나 한 국토나 한 중생에게서 여래를 볼 것이 아

---

6) 佛身充滿於法界 普現一切衆生前.

니고, 모든 곳에 두루 하여 여래를 보아야 하느니라."

실로 여래는 한 법이나 한 일이나 한 몸이나 한 국토나 한 중생에게서만 나타나는 것이 아니고 온 법계 두두물물에 다 나타나 있으므로 보살은 마땅히 그렇게 보아야 한다. 천지만물과 산천초목이 모두 여래이거늘 어찌 한 가지 법에서만 여래를 볼 것인가. 여래의 출현과 같이 역시 열 가지 비유로써 밝혔다.

(2) 여래 신업身業의 열 가지 비유

1〉 여래 신업 비유의 제1상相

불자야 비여허공이 변지일체색비색처 호대 비佛子야 譬如虛空이 徧至一切色非色處호대 非

지비부지 하이고 허공 무신고至非不至니 何以故오 虛空은 無身故인달하야

"불자여, 비유하면 마치 허공이 모든 물질과 물질 아닌 곳에 두루 이르지마는 이르는 것도 아니고 이르지 않는 것도 아니니라. 무슨 까닭인가. 허공은 몸이 없는

연고이니라.”

허공[공간]은 유형이나 무형이나 일체 만물에 다 있다. 그래서 “물질이 곧 공이고 공이 곧 물질[色卽是空 空卽是色]”이라고 하였다. 공간 없는 물질이 어디 있으며 물질 없는 공간이 어디 있겠는가.

여래신   역여시   변일체처   변일체중
如來身도 亦如是하사 徧一切處하며 徧一切衆

생   변일체법   변일체국토   비지비부지
生하며 徧一切法하며 徧一切國土호대 非至非不至

하이고   여래신   무신고   위중생고   시현
니 何以故오 如來身은 無身故니 爲衆生故로 示現

기 신
其身이니라

“여래의 몸도 또한 그와 같아서 일체 처에 두루 하며, 일체 중생에게 두루 하며, 일체 법에 두루 하며, 일체 국토에 두루 하되, 이르는 것도 아니고 이르지 않는

것도 아니니라. 무슨 까닭인가. 여래의 몸은 몸이 없는
연고이니 중생을 위한 까닭에 그 몸을 나타내 보이느
니라."

여래의 몸은 우주법계에 충만해 있다. 그래서 일체 처에
두루 하며, 일체 중생에게 두루 하며, 일체 법에 두루 하며,
일체 국토에 두루 하되, 이르는 것도 아니고 이르지 않는 것
도 아니다. 여래의 몸은 몸이 없는 까닭에 그와 같다. 다만
중생을 위한 까닭에 상황과 인연에 따라 그 몸을 나타내 보
인다.

불 자   시 위 여 래 신 제 일 상   제 보 살 마 하 살
佛子야 是爲如來身第一相이니 諸菩薩摩訶薩

응 여 시 견
이 應如是見이니라

"불자여, 이것이 여래 몸의 첫째 모양이니 모든 보살
마하살은 마땅히 이와 같이 보아야 하느니라."

2〉 여래 신업 비유의 제2상相

부차불자　　비여허공　관광비색　　　이능현
復次佛子야 **譬如虛空**이 **寬廣非色**이로대 **而能顯**

현일체제색　　이피허공　무유분별　　역무희
現一切諸色이나 **而彼虛空**은 **無有分別**하며 **亦無戲**

론
論인달하야

"또 불자여, 비유하면 마치 허공이 넓고 형상이 아니
지마는 일체 모든 형상을 능히 나타내면서도 그 허공은
분별도 없고 또한 부질없는 말[戲論]도 없느니라."

허공이 무슨 형상이 있으며, 허공이 무슨 분별이 있으며,
허공이 무슨 말이 있겠는가. 허공은 형상도 없고 분별도 없
고 말도 없지만 모든 형상을 다 나타낸다.

여래신　　역부여시　　　이지광명보조명고
如來身도 **亦復如是**하사 **以智光明普照明故**로

영일체중생　　세출세간제선근업　　개득성취
令一切衆生으로 **世出世間諸善根業**이 **皆得成就**

호대 而如來身은 無有分別하며 亦無戲論이니라
_{이 여 래 신} _{무 유 분 별} _{역 무 희 론}

"여래의 몸도 그와 같아서 지혜의 광명이 널리 비춤
으로써 일체 중생으로 하여금 세간과 출세간의 모든 착
한 뿌리의 업을 성취케 하면서도 여래의 몸은 분별도
없고 희롱의 말도 없느니라."

여래의 몸은 곧 지혜 광명이다. 지혜 광명인 여래는 일체
중생으로 하여금 세간과 출세간의 모든 착한 뿌리의 업을 성
취케 한다. 지혜 광명이 그와 같은 작용을 하지만 분별도 없
고 부질없는 설명도 없다.

何以故오 從本以來로 一切執着과 一切戲論이
_{하 이 고} _{종 본 이 래} _{일 체 집 착} _{일 체 희 론}

皆永斷故니라
_{개 령 단 고}

"무슨 까닭인가. 본래부터 모든 집착과 모든 희롱의
말을 아주 끊은 연고이니라."

여래의 몸은 본래부터 모든 집착과 모든 희롱의 말을 아주 끊었기 때문이다. 지혜 광명인 여래의 몸에 무슨 집착과 희롱의 말이 있겠는가.

불자^{불 자}야 是爲如來身第二相^{시 위 여래신 제 이 상}이니 諸菩薩摩訶薩^{제 보 살 마 하 살}이 應如是見^{응 여 시 견}이니라

佛子야 是爲如來身第二相이니 諸菩薩摩訶薩이 應如是見이니라

"불자여, 이것이 여래 몸의 둘째 모양이니 보살마하살은 마땅히 이와 같이 보아야 하느니라."

3〉 여래 신업 비유의 제3상相

復次佛子야 譬如日出於閻浮提에 無量衆生이

皆得饒益하나니 所謂破闇作明하며 變濕令燥하며 生

長草木하며 成熟穀稼하며

"또 불자여, 비유하면 마치 태양이 뜨면 염부제의 한량없는 중생이 모두 이익을 얻나니, 이른바 어둠을 깨뜨려 밝게 하고, 젖은 것을 마르게 하고, 초목을 나서 자라게 하고, 곡식을 성숙케 하느니라."

확 철 허 공　　개 부 연 화　　행 자 견 도　　거 자
廓徹虛空하며 **開敷蓮華**하며 **行者見道**하며 **居者**

판 업　　하 이 고　　일 륜　　보 방 무 량 광 고
辦業이니 **何以故**오 **日輪**이 **普放無量光故**인달하야

"허공을 환히 트이게 하고, 연꽃을 피게 하고, 다니는 이는 길을 보고, 집에 있는 이는 일을 하게 하나니, 무슨 까닭인가. 태양이 한량없는 광명을 널리 놓는 연고이니라."

태양이 세상 사람과 일체 생명에게 이익을 주는 내용을 밝혔다. 먼저 어둠을 없애고 밝음을 준다. 밝으므로 길을 갈 수 있고 노동을 할 수 있고 글을 읽고 사물을 분별할 수 있다. 다음은 습기를 말린다. 또 초목들을 생장하게 한다.

초목뿐만 아니라 사람도 태양빛을 받아서 영양소를 생성한다. 그리고 사람들이 먹을 곡식을 성숙시킨다.

불자 여래지일 역부여시 이무량사
佛子야 如來智日도 亦復如是하사 以無量事로

보익 중생 소위멸악생선 파우위지
普益衆生하나니 所謂滅惡生善하며 破愚爲智하며

"불자여, 여래 지혜의 태양도 또한 그와 같아서 한량없는 일로 중생을 널리 이익하게 하나니, 이른바 나쁜 짓을 없애고 착한 일을 내며, 어리석음을 깨뜨리고 지혜를 있게 하느니라."

여래 지혜의 태양은 한량없는 일로 중생을 널리 이익하게 한다. 지혜가 있는 사람은 나쁜 짓을 하지 않고 선량한 일만 한다. 설사 어리석은 사람이라도 지혜가 생기므로 어리석음이 깨끗이 사라진다.

대 자 구 호　　대 비 도 탈　　영 기 증 장 근 력 각
大慈救護하고 **大悲度脫**하며 **令其增長根力覺**

분　　영 생 심 신　　사 리 탁 심
分하며 **令生深信**하야 **捨離濁心**하며

"크게 인지함으로써 구호하고, 크게 슬피 여김으로
써 해탈케 하며, 뿌리와 힘과 깨달음을 늘게 하여 깊은
신심을 내게 하고, 흐린 마음을 여의게 하느니라."

또 지혜가 있는 사람은 큰 사랑으로 사람들에게 즐거움
을 주고 크게 어여삐 여김으로써 사람들을 고통에서 벗어나
게 한다. 그것이 곧 보리심이며 불심佛心이다. 또 지혜가 있
으므로 오근과 오력과 칠각지와 팔정도와 육바라밀과 사섭
법과 사무량심 등 온갖 도를 돕는 법과 보살행을 증장시킨
다. 또 지혜는 깊은 믿음을 내게 하고 흐리고 혼탁한 번뇌
를 멀리 떠나게 한다.

영 득 견 문　　불 괴 인 과　　영 득 천 안　　견 몰
令得見聞하야 **不壞因果**하며 **令得天眼**하야 **見歿**

生處_{하며} 令心無礙_{하야} 不壞善根_{하며}

생 처　영 심 무 애　불 괴 선 근

"보고 들어서 원인과 결과를 깨뜨리지 않게 하며, 하늘눈을 얻어서 죽고 나는 곳을 보게 하며, 마음이 장애가 없어 착한 뿌리를 무너뜨리지 않게 하느니라."

지혜가 있는 사람은 무엇보다 불법의 가르침을 많이 들어 인과의 이치를 밝게 안다. 지혜가 없는 사람은 인과의 이치에 캄캄하다. 또 지혜가 있는 사람은 천안통을 얻어서 어떤 환경에 태어날지를 환하게 안다. 그 또한 인과의 이치대로 태어나기 때문이다. 또 마음에 장애가 없어서 선근을 무너뜨리지 않는다. 악행을 저지르는 사람들은 지혜가 없기 때문이다.

영 지 수 명　개 부 각 화　영 기 발 심　성 취

令智修明_{하야} 開敷覺華_{하며} 令其發心_{하야} 成就

본 행

本行_{이니}

"지혜를 닦아 밝혀서 깨달음의 꽃을 피게 하고, 마음을 내어 본래의 행을 성취케 하느니라."

궁극적으로 지혜가 밝으므로 깨달음의 꽃을 활짝 피운다. 깨달음의 꽃을 피우면 보살의 마음을 발해서 보살행으로 세상을 밝고 향기롭게 하고자 하는 본래의 행원을 성취하게 된다.

하 이 고   여 래 광 대 지 혜 일 신   방 무 량 광
何以故오 **如來廣大智慧日身**이 **放無量光**하야

보 조 요 고
普照耀故니라

"무슨 까닭인가. 여래의 광대한 지혜의 태양 몸이 한량없는 광명을 놓아 널리 비추는 연고이니라."

여래의 광대한 지혜의 태양이 곧 여래의 몸이다. 여래는 지혜를 제외하고는 그 몸을 생각할 수 없다. 그와 같은 지혜의 몸은 곧 지혜의 가르침으로 표현되고, 화엄경의 가르침이

곧 그것이다. 화엄경은 여래의 광대한 지혜의 태양이며 여래의 몸이다.

불자 시위여래신제삼상 제보살마하살
佛子야 是爲如來身第三相이니 諸菩薩摩訶薩

응 여 시 견
이 應如是見이니라

"불자여, 이것이 여래 몸의 셋째 모양이니 보살마하살은 마땅히 이와 같이 보아야 하느니라."

4) 여래 신업 비유의 제4상相

부 차 불 자 비 여 일 출 어 염 부 제 선 조 일 체
復次佛子야 譬如日出於閻浮提에 先照一切

수 미 산 등 제 대 산 왕 차 조 흑 산 차 조 고 원
須彌山等諸大山王하고 次照黑山하고 次照高原하고

연 후 보 조 일 체 대 지 일 부 작 념 아 선 조 차
然後普照一切大地나 日不作念호대 我先照此하고

^{후 조 어 피}   ^{단 이 산 지} ^{유 고 하고} ^{조 유 선 후}
後照於彼_{언마는} **但以山地**가 **有高下故**로 **照有先後**
_{인달하야}

"또 불자여, 비유하면 마치 태양이 염부제에서 뜨면
먼저 일체 수미산들의 모든 큰 산을 비추고, 다음에 흑
산을 비추고, 다음에 높은 언덕을 비추고, 나중에 모든
땅을 비추지만 태양이 생각하기를 내가 먼저 여기 비추
고 뒤에 저기 비추리라 하지 않지만 다만 산과 땅이 높
고 낮은 데가 있으므로 먼저 비추고 뒤에 비추는 것이
있게 되느니라."

태양이 뜨면 가장 높은 산을 먼저 비추고 차츰차츰 중간
산과 낮은 산을 비추고 다음으로 평원을 비추지만 태양은
스스로 선후에 대한 생각이 없다. 산들이 스스로 높고 낮음
이 있을 뿐이다.

^{여 래 응 정 등 각}   ^{역 부 여 시}   ^{성 취 무 변 법 계}
如來應正等覺도 **亦復如是**_{하사} **成就無邊法界**

지륜　　　상 방 무 애 지 혜 광 명　　　선 조 보 살 마 하
智輪하야 常放無礙智慧光明하사 先照菩薩摩訶

살 등 제 대 산 왕　　차 조 연 각　　차 조 성 문
薩等諸大山王하고 次照緣覺하고 次照聲聞하고

　"여래 응공 정등각도 또한 그와 같아서 그지없는 법
계 지혜의 태양을 성취하여 걸림 없는 지혜 광명을 항
상 놓을 적에 먼저 보살마하살의 큰 산을 비추고, 다음
에 연각을 비추고, 다음에 성문을 비추고,

　　차 조 결 정 선 근 중 생　　수 기 심 기　　시 광 대
　　次照決定善根衆生하사 隨其心器하야 示廣大

지　　연 후 보 조 일 체 중 생　　내 지 사 정　　　역
智하고 然後普照一切衆生하며 乃至邪定이라도 亦

개 보 급
皆普及하나니

　다음에 착한 뿌리가 결정된 중생을 비추되 그 마음
그릇을 따라 넓고 큰 지혜를 보인 뒤에 일체 중생에게
두루 비추며, 내지 잘못 결정된 이에게도 또한 다 널리
비추느니라."

여래의 그지없는 법계 지혜의 태양은 높고 깊은 깨달음의 가르침으로서 가장 먼저 보살들이 보살행을 깨닫고, 다음에는 연각들이 연기의 이치를 깨닫고, 다음에는 성문들이 사성제와 팔정도를 깨닫고, 다음에는 선근 중생들이 선행을 알고, 다음에는 보통의 일반 중생들을 가르치고, 다음에는 사정취邪定聚 중생으로서 성불할 만한 소질이 없어 더욱 타락하여 가는 이들을 깨우친다.

위 작 미 래 이 익 인 연　　영 성 숙 고　　이 피 여 래
爲作未來利益因緣하야 **令成熟故**나 **而彼如來**

대 지 일 광　　부 작 시 념　　아 당 선 조 보 살 대 행
大智日光은 **不作是念**호대 **我當先照菩薩大行**하며

내 지 후 조 사 정 중 생　　단 방 광 명　　평 등 보 조
乃至後照邪定衆生이요 **但放光明**하야 **平等普照**하사

무 애 무 장　　무 소 분 별
無礙無障하며 **無所分別**이니라

"미래에 이익할 인연을 지어 성숙케 하지마는 그러나 저 여래의 큰 지혜 태양빛은 생각하기를 내가 마땅

히 먼저 보살의 크게 수행하는 이에게 비추고 내지 나중에 잘못 결정된 중생에게 비추리라 하지 않고, 다만 광명을 놓아 평등하게 두루 비추어 걸림도 없고 막힘도 없고 분별함도 없느니라."

부처님의 태양빛과 같은 지혜의 가르침은 아무런 차별이 없고 분별도 없으나 근기와 수준을 따라 받아들이는 것이 다르다.

불자   비여일월   수시출현   대산유곡   보
佛子야 譬如日月이 隨時出現에 大山幽谷을 普
조 무 사
照無私인달하야

"불자여, 비유하면 마치 해와 달이 때를 따라 나타나서 큰 산과 깊은 골짜기를 사사로움 없이 널리 비추느니라."

다시 한 번 비유하자면 태양이나 달이 때를 따라 출현하여 높고 큰 산을 비추고 차례대로 깊은 골짜기를 널리 비추지만 사사로운 생각은 전혀 없다.

여래지혜　역부여시　보조일체　무유분
如來智慧도 **亦復如是**하사 **普照一切**하야 **無有分**
별　수제중생　근욕부동　지혜광명　종종
別호대 **隨諸衆生**의 **根欲不同**하야 **智慧光明**이 **種種**
유이
有異니라

"여래의 지혜도 또한 그와 같아서 온갖 것을 두루 비추고 분별함이 없지마는 모든 중생들의 근성과 욕망이 같지 아니함을 따라서 지혜의 광명도 가지가지로 다르니라."

여래의 지혜의 가르침도 또한 그와 같아서 온갖 차별한 근기의 중생을 두루 비추고 차별함과 분별함이 없지마는 모든 중생의 근성과 욕망이 같지 아니함을 따라서 가지가지로 다르게 된 것이다. 즉 큰 자비심으로 많은 사람들에게 보살

행 하는 것을 불법이라고 생각하는 사람도 있고, 자기 한 사람의 안녕만을 위해서 조용히 한가하게 살아가는 것을 불법이라고 생각하는 사람도 있고, 혹은 자기 자신의 이익이나 가족의 이익만을 위하는 것이 불법이라고 생각하는 사람들도 있게 된 것이다.

불자　시위여래신제사상　　제보살마하살
佛子야 **是爲如來身第四相**이니 **諸菩薩摩訶薩**

응 여시견
이 **應如是見**이니라

"불자여, 이것이 여래 몸의 넷째 모양이니 보살마하살은 마땅히 이와 같이 보아야 하느니라."

5) 여래 신업 비유의 제5상相

부차불자　비여일출　생맹중생　무안근고
復次佛子야 **譬如日出**에 **生盲衆生**이 **無眼根故**

미증득견   수미증견   연 위 일 광 지 소 요
로 未曾得見하나니 雖未曾見이나 然爲日光之所饒

익   하이고 인 차 득 지 주 야 시 절   수용종종
益이니 何以故오 因此得知晝夜時節하며 受用種種

의 복 음 식   영 신 조 적   이 중 환 고
衣服飲食하야 令身調適하야 離衆患故인달하야

"또 불자여, 비유하자면 마치 해가 뜨는 것을 배냇소
경[生盲]인 중생은 눈이 없으므로 일찍이 보지 못하였느
니라. 비록 보지는 못하였으나 햇빛의 이익을 받나니,
왜냐하면 이것을 인하여 낮과 밤의 시간을 알고, 갖가
지 의복과 음식을 수용受用하여 몸을 조화롭고 편안하게
하고 여러 가지 근심을 여의는 연고이니라."

여래의 신업身業을 열 가지 비유로써 나타내는 가운데 그
다섯 번째 비유다. 여래의 지혜와 그 가르침을 태양에 비유
하였다. 배냇소경[生盲]이라는 병이 있다. 태어나기 이전부터
눈이 어두운 사람이다. 그래서 태양을 보지 못하며 본 적도
없다. 그러나 태양으로부터 받는 수많은 이익은 눈이 밝은
사람과 다를 바 없다. 주야를 알고 가지가지 옷과 음식을

수용하여 몸이 편안하고 온갖 걱정이 없는 것 등이다.

여래지일   역부여시   무신무해   훼계
如來智日도 亦復如是하사 無信無解하며 毁戒

훼견   사명자활   생맹지류   무신안고   불
毁見하며 邪命自活하는 生盲之類는 無信眼故로 不

견제불지혜일륜   수불견불지혜일륜   역
見諸佛智慧日輪하나니 雖不見佛智慧日輪이나 亦

위지일지소요익
爲智日之所饒益이니

"여래 지혜의 해도 또한 그와 같아서 믿음이 없고 이
해가 없고 계율을 파하고 바른 소견이 없고 잘못되게
살아가는 배냇소경의 종류들은 믿는 눈이 없으므로 부
처님들의 지혜의 해를 보지 못하느니라. 비록 부처님의
지혜의 해를 보지는 못하나 또한 지혜의 해의 이익을
받느니라."

여래와 여래의 지혜에 대한 믿음도 없고 이해도 없고 계
행도 지키지 않고 소견도 잘못되고 삿된 직업으로 잘못 살

아가는 사람을 태어나면서부터 눈이 어두운 배냇소경이라 한다. 그와 같은 사람이라 하더라도 부처님의 지혜의 태양으로부터 받는 이익은 적지 않다.

하이고　이불위력　영피중생　소유신고
何以故오 以佛威力으로 令彼衆生의 所有身苦와

급제번뇌　미래고인　개소멸고
及諸煩惱와 未來苦因으로 皆消滅故니라

"왜냐하면 부처님의 위신력으로써 저 중생들이 가진 몸의 고통과 모든 번뇌와 미래에 괴로움이 될 원인을 모두 소멸시키는 연고이니라."

여래와 여래의 지혜에 대한 믿음도 없고 이해도 없고 계행도 지키지 않더라도 여래 지혜의 태양은 중생의 고통과 모든 번뇌와 고통의 원인까지 다 소멸하게 한다. 아래에는 여래 지혜 광명의 위대성을 낱낱이 열거하여 밝혔다.

佛子야 如來가 有光明하니 名積集一切功德이며
불자 여래 유광명 명적집일체공덕

"불자여, 여래에게 광명이 있으니 이름이 '모든 공덕을 쌓아 모음'이요,

지혜 광명은 모든 공덕을 닦아서 쌓아 모으게 한다. 지혜 광명이 없는 사람이 무슨 공덕을 닦을 줄 알겠는가.

有光明하니 名普照一切며
유광명 명보조일체

광명이 있으니 이름이 '온갖 것을 두루 비춤'이요,

지혜 광명은 일체 존재의 모든 차별과 무차별과 선과 악을 환하게 널리 비춘다.

有光明하니 名淸淨自在照며
유광명 명청정자재조

광명이 있으니 이름이 '청정하고 자유롭게 비춤'이요,

부처님을 달리 표현하면 광명이며 지혜며 진리의 가르침이다. 그 가르침의 광명은 청정하고 자유자재하다.

유 광 명　　　명 출 대 묘 음
有光明하니 **名出大妙音**이며

광명이 있으니 이름이 '크고 묘한 음성을 냄'이요,

지혜의 광명에서는 언제나 크고 미묘한 음성으로 진리의 가르침을 설하신다. 진리의 가르침이야말로 진정 크고 미묘한 음성이다.

유 광 명　　　명 보 해 일 체 어 언 법　　　영 타 환 희
有光明하니 **名普解一切語言法**하야 **令他歡喜**며

광명이 있으니 이름이 '일체 말하는 법을 두루 알아서 다른 이를 기쁘게 함'이요,

여래가 설하시는 존재의 실상은 모든 이들이 듣고 두루 환희에 젖고 신심을 일으킨다. 그것이 부처님의 진정한 광명이다.

유 광 명　　　　명 시 현 영 단 일 체 의 자 재 경 계
有光明하니 **名示現永斷一切疑自在境界**며

광명이 있으니 이름이 '모든 의심을 아주 끊어 자유자재한 경계를 나타내 보임'이요,

진리의 가르침이라는 청정한 광명은 중생들로 하여금 일체 의심을 끊고 자유자재한 경계를 나타내 보인다.

유 광 명　　　　명 무 주 지 자 재 보 조
有光明하니 **名無住智自在普照**며

광명이 있으니 이름이 '머무름이 없는 지혜[無住智]로 자유롭게 두루 비춤'이요,

지혜는 어디에 정착하여 머무르지 않으므로 자유자재하다. 자유자재하므로 널리 비출 수 있다.

유 광 명　　명 영 단 일 체 희 론 자 재 지
有光明하니 **名永斷一切戲論自在智**며

광명이 있으니 이름이 '모든 희롱거리를 아주 끊은 자유자재한 지혜'요,

깨달음의 지혜 광명은 소위 희론戲論이라는 희롱거리의 말이 있을 수 없다. 희론을 다 끊었으므로 자유자재한 지혜가 된다.

유 광 명　　명 수 소 응 출 묘 음 성
有光明하니 **名隨所應出妙音聲**이며

광명이 있으니 이름이 '마땅한 대로 묘한 음성을 냄'이요,

깨달음의 지혜 광명은 법을 설하는 데 착오가 없고 적합하지 않음도 없어서 마땅한 바를 따라 미묘한 법의 소리를 낸다.

　유　광　명　　　　　명　출　청　정　자　재　음　　　　장　엄　국　토
有光明하니 **名出淸淨自在音**하야 **莊嚴國土**하야

　성　숙　중　생
成熟衆生이니라

　광명이 있으니 이름이 '청정하고 자유로운 음성을 내어 국토를 장엄하고 중생을 성숙케 함'이니라."

　깨달음의 지혜 광명은 청정하고 자유로운 진리의 음성을 내어 국토를 장엄하고 세상을 장엄하며 중생을 성숙케 한다. 이것이 여래가 세상에 출현하신 본래의 목적이다.

　불　자　　　여　래　일　일　모　공　　　방　여　시　등　천　종　광　명
佛子야 **如來一一毛孔**에 **放如是等千種光明**하사

　오　백　광　명　　　보　조　하　방　　　오　백　광　명　　　보　조　상　방
五百光明은 **普照下方**하고 **五百光明**은 **普照上方**

종 종 찰 중 종 종 불 소 제 보 살 중
種種刹中種種佛所諸菩薩衆이어든

"불자여, 여래의 낱낱 모공에서 이러한 일천 가지 광
명을 놓아서 오백 광명으로는 하방下方을 두루 비추고,
오백 광명으로는 상방上方 가지가지 세계의 가지가지 부
처님 처소에 있는 보살 대중을 비추느니라."

깨달음의 지혜 광명을 앞에서 대표적으로 열 가지를 들
었다. 이와 같은 등 일천 가지 광명을 놓아서 오백 광명으로
는 하방을 두루 비추고, 오백 광명으로는 상방 가지가지 세
계의 가지가지 부처님 처소에 있는 보살 대중을 비춘다고 하
였는데 지옥, 아귀, 축생, 인도, 천도, 아수라 등 하방과 성
문, 연각, 보살, 불 등 이렇게 상방을 두루두루 다 비춘다.

청량스님은 소疏에서 "오백 광명이 하방을 비춘다는 것은
5위의 자분행自分行이고, 오백 광명이 상방을 비춘다는 것은
5위의 승진행勝進行이다."[7]라고 하였다.

---

7) 【五百照下】者, 五位自分行. 【五百照上】者, 五位勝進行.

기 보 살 등   견 차 광 명   일 시 개 득 여 래 경 계
其菩薩等이 **見此光明**하고 **一時皆得如來境界**

　십 두 십 안   십 이 십 비   십 설 십 신   십 수 십
하야 **十頭十眼**과 **十耳十鼻**와 **十舌十身**과 **十手十**

족   십 지 십 지   개 실 청 정
足과 **十地十智**가 **皆悉淸淨**하며

"그 보살들이 이 광명을 보고는 한꺼번에 여래의 경
계를 얻어 열 머리와 열 눈과 열 귀와 열 코와 열 혀와
열 몸과 열 손과 열 발과 열 지위와 열 지혜가 청정하
여지니라."

여래에게 앞에서 열거한 열 가지 광명을 위시하여 일천 광
명이 있음을 보살들이 보고는 일시에 여래의 경계를 얻었다.
광명은 곧 여래의 깨달음이며 깨달음의 가르침이기 때문에
광명을 본 것은 곧 여래의 깨달음을 본 것과 같다. 그래서 머
리와 눈과 귀와 코와 혀와 몸 등이 모두 완전무결하게 청정
하여졌음을 밝혔다.

피 제 보 살　선 소 성 취 제 처 제 지　견 피 광 명
彼諸菩薩의 **先所成就諸處諸地**가 **見彼光明**하고

전 갱 청 정　　일 체 선 근　개 실 성 숙　　취 일 체
轉更清淨하야 **一切善根**이 **皆悉成熟**하야 **趣一切**

지
智하며

"저 모든 보살들의 먼저 성취한 모든 처소處所와 모든
지위에서 이 광명을 보고 더욱 청정하여지며 일체 착한
뿌리가 모두 성숙하여 일체 지혜에 나아갔느니라."

앞에서 보살들이 여래의 일천 가지 광명이 있음을 보고
머리와 눈과 귀와 코 등 열 가지가 청정하여짐을 밝히고, 다
시 보살들이 보살의 처소와 지위에서 그 광명을 보고는 더욱
청정하여져서 일체 선근이 모두 성숙하고 일체 지혜에 나아
감을 밝혔다.

주 이 승 자　멸 일 체 구　　기 여 일 분 생 맹 중 생
住二乘者가 **滅一切垢**하며 **其餘一分生盲衆生**이

신 기 쾌 락　　심 역 청 정　　유 연 조 복　　감 수 염
身旣快樂하고 **心亦淸淨**하야 **柔軟調伏**하야 **堪修念**

지
智하며

"이승二乘에 머문 이는 모든 때를 소멸하고, 그 외의 한 부분인 배냇소경인 중생은 몸이 이미 쾌락하고 마음도 또한 청정하며 유연하고 조복되어 능히 지혜를 닦게 되었느니라."

또 여래의 광명을 이승들이 보고는 일체 번뇌의 때를 소멸하고, 배냇소경과 같은 삿된 견해에 떨어져 있고 계행도 없고 믿음도 없던 사람들까지 몸에는 즐거움을 얻고 마음에는 청정을 얻어 유연하고 조복되어 능히 지혜를 닦게 되었다. 여래의 깨달음의 광명이란 이와 같다. 그래서 여래의 깨달음을 인류사에서 가장 큰 사건이라고 하였다. 왜 그런가 하면 아무리 미혹하고 어리석고 극악무도한 지옥중생이라 하더라도 그 본성에는 모두가 석가여래와 조금도 다름없는 부처님의 진여자성을 지니고 있음을 선언하셨기 때문이다.

지옥 아귀 축생 제 취 소유 중생　개 득 쾌 락
地獄餓鬼畜生諸趣所有衆生이 **皆得快樂**하야

해 탈 중 고　　명 종　개 생 천 상 인 간
解脫衆苦하고 **命終**에 **皆生天上人間**하나니

"지옥 아귀 축생의 여러 길에 있는 중생들도 모두 즐
거움을 얻고 온갖 고통에서 해탈하며 목숨이 마치면 모
두 하늘과 인간에 나느니라."

심지어 여래의 광명은 지옥 아귀 축생의 여러 길에 있는
중생들도 모두 즐거움을 얻고 온갖 고통에서 해탈하게 한
다. 여래의 깨달음에 의한 지혜 광명을 어찌 위대하다 하지
않을 수 있겠는가.

불 자　피 제 중 생　불 각 부 지 이 하 인 연　　이
佛子야 **彼諸衆生**이 **不覺不知以何因緣**이며 **以**

하 신 력　　이 래 생 차　　피 생 맹 자　작 여 시 념
何神力으로 **而來生此**하고 **彼生盲者**가 **作如是念**호대

아 시 범 천　　아 시 범 화
我是梵天이며 **我是梵化**로라하나니

"불자여, 저 모든 중생은 무슨 인연과 무슨 신통한 힘으로 여기에 와서 나는지를 깨닫지 못하고 알지 못하며, 저 배냇소경은 생각하기를 '내가 범천이며 범천의 변화함이라.' 라고 하느니라."

여래의 지혜 광명을 입은 지옥 아귀 축생의 여러 길에 있는 중생들까지 모두 즐거움을 얻고 해탈을 얻었으므로 자신들이 스스로 어떻게 하여 이와 같은 곳에 태어났는지를 알지 못하고 스스로 범천의 천신이라고 여기게 되었다. 여래의 지혜 광명의 힘은 실로 위대하기 이를 데 없다.

시 시 여 래   주 보 자 재 삼 매   출 육 십 종 묘 음
是時如來가 住普自在三昧하사 出六十種妙音

이 고 지 언   여 등   비 시 범 천   역 비 범 화
하야 而告之言하사대 汝等이 非是梵天이며 亦非梵化며

역 비 제 석 호 세 소 작   개 시 여 래 위 신 지 력
亦非帝釋護世所作이요 皆是如來威神之力이라하면

"그때에 여래가 두루 자재한 삼매에 머물러서 60가

지 묘한 음성을 내어 말씀하기를, '그대들은 범천도 아니고 범천이 변화한 것도 아니며 또한 제석천왕이나 호세護世 사천왕이 지은 것도 아니고 모두 다 여래의 위신력이니라.'라고 하시니라."

60가지 묘한 음성이란 무엇인가. 눈과 귀와 코와 혀와 몸과 뜻이 완벽하게 다 동원되어 인가하고 보증한다는 의미이리라. 어떤 천신이거나 천신이 변화한 것이 아니라 부처님 깨달음의 지혜 광명으로 비춰 볼 때 지옥 아귀 축생의 여러 길에 있는 중생들이 모두 이미 극락의 즐거움을 얻고 온갖 고통에서 해탈하였기 때문이다.

피제중생　　문시어이　　　이불신력　　　개지
彼諸衆生이 聞是語已하고 以佛神力으로 皆知

숙명　　　생대환희　　　심환희고　　자연이출우
宿命하야 生大歡喜하며 心歡喜故로 自然而出優

담화운　　향운　　음악운　　의운　　개운　　당운
曇華雲과 香雲과 音樂雲과 衣雲과 蓋雲과 幢雲과

번운　말향운　보운　사자당반월누각운　가
幡雲과 **末香雲**과 **寶雲**과 **獅子幢半月樓閣雲**과 **歌**

영찬탄운　종종장엄운　　개이존중심　　공
詠讚歎雲과 **種種莊嚴雲**하야 **皆以尊重心**으로 **供**

양여래
養如來하나니

"저 모든 중생들이 이 말씀을 듣고는 부처님의 신통하신 힘으로 모두 지난 세상의 일을 알고 크게 즐거워하며, 마음이 즐거우므로 저절로 우담바라꽃 구름과 향 구름과 음악 구름과 옷 구름과 일산日傘 구름과 당기幢旗 구름과 번기幡旗 구름과 가루향 구름과 보배 구름과 사자당기반달누각 구름과 노래찬탄 구름과 가지각색 장엄 구름을 내어 존중하는 마음으로 여래께 공양하느니라."

여래의 지혜 광명을 입고, 보살과 연각과 성문은 거론할 필요도 없이 지옥 아귀 축생까지도 여래의 인가와 보증으로 온갖 고통에서 해탈하는 즐거움을 누리게 되어 크게 환희하므로 저절로 온갖 아름다운 구름을 내어 존중하는 마음으로 여래에게 공양하게 된 것이다.

하 이 고　차 제 중 생　득 정 안 고　여 래 여 피
何以故오 **此諸衆生**이 **得淨眼故**로 **如來與彼**로

수 아 뇩 다 라 삼 먁 삼 보 리 기
授阿耨多羅三藐三菩提記일새니라

"왜냐하면 이 모든 중생들이 깨끗한 눈을 얻은 연고
로 여래께서 그들에게 아뇩다라삼먁삼보리의 수기를 주
시느니라."

결론으로 그 모든 중생들이 지혜 광명을 입고 청정한 눈
을 얻었으므로 여래께서는 그들에게 본래로 부처님이라는
수기를 주어 보증하게 된 것이다.

불 자　여 래 지 일　여 시 이 익 생 맹 중 생　　영
佛子야 **如來智日**이 **如是利益生盲衆生**하야 **令**

득 선 근　구 족 성 숙
得善根하야 **具足成熟**이니라

"불자여, 여래 지혜의 해는 이와 같이 배냇소경인 중
생을 이익되게 하여 착한 뿌리를 얻어 구족하게 성숙하
게 하느니라."

사실에 있어서는 여래의 지혜 광명을 입은 못된 중생들이 선근을 얻어 구족하게 성숙하게 되는 데서 끝난 것이 아니라 본래로 부처님이라는 사실에 눈을 뜨게 된 것이다. 위에서 말한 수기가 곧 그것이다.

불자 시위 여래신제오상 제보살마하살
佛子야 **是爲如來身第五相**이니 **諸菩薩摩訶薩**

응 여시견
이 **應如是見**이니라

"불자여, 이것이 여래 몸의 다섯째 모양이니 보살마하살은 마땅히 이와 같이 보아야 하느니라."

6) 여래 신업 비유의 제6상相

부차불자 비여월륜 유사기특미증유법
復次佛子야 **譬如月輪**이 **有四奇特未曾有法**하니

"또 불자여, 비유컨대 달에는 네 가지 기특하며 미증유한 법이 있느니라."

하등 위사   일자   영폐일체성수광명
何等이 爲四오 一者는 映蔽一切星宿光明이요

"무엇이 넷인가. 하나는 모든 별의 광명을 가림이요,

이자   수축어시   시현휴영
二者는 隨逐於時하야 示現虧盈이요

둘은 때를 따라서 찼다 기울었다 함을 보임이요,

삼자   어염부제징정수중   영무불현
三者는 於閻浮提澄淨水中에 影無不現이요

셋은 염부제의 맑은 물속에는 모두 그림자가 나타남
이요,

사자   일체견자   개대목전   이차월륜   무
四者는 一切見者가 皆對目前호대 而此月輪은 無

유분별   무유희론
有分別하며 無有戲論인달하야

넷은 모든 보는 이가 자기의 눈앞에 있다 하지마는 이 달은 분별도 없고 부질없는 말도 없느니라."

여래 신업의 여섯 번째 비유로는 달의 매우 기특하고 미증유한 법을 들었다. 달이 뜨면 아무리 크고 밝은 별이라 하더라도 지구에서 멀리 떨어져 있어서 작게 보이고 달은 가장 가까이 있으므로 크게 보여서 별들의 빛을 다 가려 버린다. 또 달은 상현달 하현달 등으로 찼다 기울었다 하는 것을 반복해서 보여 준다. 또 이 지구상의 물마다 나타나지 않는 데가 없다. 또 보는 사람마다 모두 자기 앞에 나타나 있다고 여긴다. 그러면서 아무런 분별과 차별이 없다.

佛子_야 如來身月_도 亦復如是_{하사} 有四奇特未
曾有法_{하니}

"불자여, 여래의 몸의 달도 또한 그와 같아서 네 가지 기특하고 미증유한 법이 있느니라."

하등   위사   소위영폐일체성문독각학무
何等이 **爲四**오 **所謂映蔽一切聲聞獨覺學無**

학 중
學衆과

"무엇이 넷인가. 이른바 모든 성문과 독각의 배우는
이와 배울 것 없는 이들을 다 가려 버리느니라."

여래를 어찌 성문이나 독각이나 배우는 이나 다 배운 이
들과 비교할 수 있겠는가. 아예 상대가 되지 않는다.

수 기 소 의   시 현 수 명   수 단 부 동   이 여
隨其所宜하야 **示現壽命**의 **脩短不同**호대 **而如**

래 신   무 유 증 감
來身은 **無有增減**과

"그들에게 마땅한 대로 수명을 보이어 장수하고 단
명함이 같지 않지마는 여래의 몸은 증감이 없느니라."

여래는 밖으로 드러난 모습은 그 수명이 길기도 하고 짧

게 보이기도 하지만 본래 태어난 바도 없고 열반한 바도 없다. 즉 불생불멸이다. 달이 때를 따라서 차기도 하고 기울기도 하지만 본래의 달은 증감이 없는 것과 같다.

일 체 세 계 정 심 중 생 　 보 리 기 중 　 영 무 불 현
一切世界淨心衆生의 **菩提器中**에 **影無不現**과

"모든 세계에 있는 마음이 깨끗한 중생의 보리 그릇에는 모든 그림자가 나타나느니라."

모든 중생이 본래로 지니고 있는 깨달음의 마음 그릇에 여래가 없는 중생이 없다. 그래서 중생이 곧 부처님이며, 사람이 곧 부처님이며, 일체 생명이 곧 부처님이며, 당신들 모두가 곧 부처님이다.

일 체 중 생 　 유 첨 대 자 　 개 위 여 래 　 유 현 아 전
一切衆生이 **有瞻對者**는 **皆謂如來**가 **唯現我前**

수 기 심 락　　이 위 설 법　　수 기 지 위
이라하나니 隨其心樂하야 而爲說法하며 隨其地位하야

영 득 해 탈　　수 소 응 화　　영 견 불 신　　이 여 래
令得解脫하며 隨所應化하야 令見佛身호대 而如來

신　무 유 분 별　　무 유 희 론　　소 작 이 익　　개 득
身은 無有分別하며 無有戱論하야 所作利益이 皆得

구 경
究竟이니라

"모든 중생으로서 여래를 대하는 이는 모두 오직 자
기 앞에만 계신다고 하거든 그들의 좋아함을 따라서 법
을 설하며, 그들의 지위를 따라서 해탈을 얻게 하며, 교
화받을 만한 이를 따라서 부처님의 몸을 보게 하지마
는, 여래의 몸은 분별도 없고 부질없는 말도 없되 지으
시는 이익은 모두 끝까지 이르느니라."

일체 중생과 사람 사람이 다 자기 부처님이다. 어찌 남의
부처님이 있고 다른 부처님이 있겠는가. 모두가 각자의 그
릇을 따라서 법을 듣고 해탈을 얻으며 부처임을 깨닫는다.

불자　시위여래신제육상　　제보살마하살
佛子야 **是爲如來身第六相**이니 **諸菩薩摩訶薩**

응 여시 견
이 **應如是見**이니라

"불자여, 이것이 여래 몸의 여섯째 모양이니 보살마
하살은 마땅히 이와 같이 보아야 하느니라."

7〉 여래 신업 비유의 제7상相

부차불자　　비여삼천대천세계대범천왕
復次佛子야 **譬如三千大千世界大梵天王**이

이소방편　　어대천세계　보현기신　　　일체
以少方便으로 **於大千世界**에 **普現其身**이어든 **一切**

중생　개견범왕　현재기전　　이차범왕　　역
衆生이 **皆見梵王**이 **現在己前**호대 **而此梵王**은 **亦**

불분신　　무종종신
不分身하며 **無種種身**인달하야

"또 불자여, 비유하면 삼천대천세계의 대범천왕은 조
그만 방편으로써 대천세계에 몸을 두루 나타내거든, 모
든 중생들은 각각 범천왕이 자기 앞에 있다고 보지마는

이 범천왕은 몸을 나누지도 않고 갖가지 몸도 없느니라."

여래 신업의 일곱 번째 비유다. 대범천왕大梵天王은 대범왕大梵王, 범왕梵王이라고도 하는데 색계 초선천 중의 화려한 고루거각에 있으면서 사바세계를 차지한 천왕이다. 키가 1유순 반이나 되고 수명은 1겁 반이라 하는데 그 몸을 자유롭게 나타내는 신통이 있다. 일체 중생이 범천왕이 모두 자기 앞에만 나타낸다고 하지만 범천왕은 분신을 하거나 여러 개의 몸이 있는 것이 아니다.

불자 제불여래 역부여시 무유분별
佛子야 諸佛如來도 亦復如是하사 無有分別하며

무유희론 역불분신 무종종신 이수일
無有戲論하며 亦不分身하며 無種種身이요 而隨一

체중생심락 시현기신 역부작념현약간
切衆生心樂하야 示現其身호대 亦不作念現若干

신
身이니라

"불자여, 모든 부처님 여래도 또한 그와 같아서 분별도 없고 부질없는 말[戱論]도 없고 몸을 나누지도 않고 갖가지 몸도 없지마는 일체 중생의 좋아함을 따라서 몸을 나타내 보이면서 또한 여러 몸을 나타낸다는 생각을 하지 않느니라."

부처님 여래는 천백억화신을 나타낸다고 하지만 낱낱이 개체의 몸이 있는 것이 아니다. 개체의 몸이 있는 것이 아니므로 불신은 온 우주법계에 충만하다고 한 것이다. 만약 부처님의 몸이 낱낱이 개체가 있는 존재라면 우주법계에 충만할 수가 없다. 중생들의 마음에 좋아함을 따라서 자유자재하게 여러 가지로 나타내 보이면서 여래가 여러 개의 몸을 나타낸다는 생각을 하지 않는다. 이처럼 부처님의 몸 역시 중도적 관점에서 보아야 한다.

불 자   시 위 여 래 신 제 칠 상   제 보 살 마 하 살
佛子야 是爲如來身第七相이니 諸菩薩摩訶薩

응 여 시 견
이 **應如是見**이니라

"불자여, 이것이 여래 몸의 일곱째 모양이니 보살마
하살은 마땅히 이와 같이 보아야 하느니라."

8〉 여래 신업 비유의 제8상相

부 차 불 자   비 여 의 왕   선 지 중 약   급 제 주 론
復次佛子야 **譬如醫王**이 **善知衆藥**과 **及諸呪論**

염 부 제 중 제 소 유 약   용 무 부 진
하야 **閻浮提中諸所有藥**을 **用無不盡**하며

"또 불자여, 비유하면 마치 어떤 의사가 여러 가지
약과 여러 가지 주문을 잘 알며 염부제에 있는 모든 약
을 쓰지 않는 것이 없느니라."

여래 신업의 여덟 번째 비유다. 옛날 훌륭한 의사는 온갖
약을 잘 알며 심지어 주문으로 병을 고치는 방법까지 안다.
이 세상의 약 중에 모르는 것이 없다.

부 이 숙 세 제 선 근 력　　대 명 주 력　　　위 방 편 고
復以宿世諸善根力과 **大明呪力**으로 **爲方便故**

　중 생 견 자　　병 무 불 유
로 **衆生見者**가 **病無不愈**어든

"또 전생의 모든 착한 뿌리의 힘과 크고 밝은 주문의 힘으로써 방편을 삼았으므로 그를 보는 중생들은 모두 병이 쾌차하였느니라."

옛날의 훌륭한 의사는 선근의 힘과 크고 밝은 주문의 힘으로 그를 바라보기만 해도 병이 다 낫는다. 그래서 그 의사는 아래와 같은 생각을 하였다.

　피 대 의 왕　　지 명 장 종　　　작 시 염 언　　아 명
彼大醫王이 **知命將終**하고 **作是念言**호대 **我命**

종 후　　일 체 중 생　　무 소 의 호　　아 금 의 응 위 현 방
終後에 **一切衆生**이 **無所依怙**니 **我今宜應爲現方**

편
便이라하고

"저 큰 의사가 목숨이 다한 줄을 알고 생각하기를

'내가 죽은 뒤에는 모든 중생이 의지할 데가 없으리니 내가 이제 마땅히 방편을 보이리라.' 라고 하느니라."

시시 의왕　합 약 도 신　명 주 력 지　영 기 종
是時醫王이 合藥塗身하며 明呪力持하야 令其終

후　신 불 분 산　불 위 불 고　위 의 시 청　여 본
後에 身不分散하야 不萎不枯하며 威儀視聽이 與本

무 별　범 소 료 치　실 득 제 차
無別하며 凡所療治가 悉得除差인달하야

"이때에 의사는 약을 만들어 몸에 바르고 밝은 주문의 힘으로 부지하여 그가 죽은 뒤에도 몸이 흩어지지 않고 시들지도 않고 마르지도 않아서 행동이나 보고 들음이 본래와 다르지 아니하며, 무릇 병을 치료하면 모두 쾌차하게 하였느니라."

의사는 생각하기를 '내가 죽은 뒤에는 모든 중생이 의지할 데가 없으리니 내가 이제 마땅히 방편을 보이리라.'라고 하였다. 그래서 의사는 몸에 약을 바르고 주문을 외워 목숨

을 마친 뒤에도 그가 살아 있을 때의 능력과 같음을 비유하
였다.

　　　불자　　여래응정등각무상의왕　　역부여시
　　佛子야 **如來應正等覺無上醫王**도 **亦復如是**하사

　어무량백천억나유타겁　　연치법약　　이득성
於無量百千億那由他劫에 **鍊治法藥**하야 **已得成**
취
就하며

　　"불자여, 여래 응공 정등각인 가장 높은 의사도 또한
그와 같아서 한량없는 백천억 나유타 겁 동안에 법의
약藥을 수련하여 성취하였느니라."

　　여래를 중생들의 번뇌의 병과 마음의 병을 고치는 이라
하여 대의왕大醫王 또는 무상대의왕無上大醫王으로 부른다. 몸
의 병에 대해서는 부처님에게도 '지바카'라는 주치의가 있었
다. 몸의 병을 다스리는 사람에게 의사로서의 수련 기간이
있듯이 마음의 병을 다스리는 의사도 또한 한량없는 백천억

나유타 겁 동안에 법의 약藥을 수련하여 성취하였다.

수학 일체 방편 선교　　대 명 주 력　　개 도 피 안
修學一切方便善巧하야 **大明呪力**이 **皆到彼岸**

선 능 제 멸 일 체 중 생　　제 번 뇌 병
하사 **善能除滅一切衆生**의 **諸煩惱病**하며

"모든 방편의 선교와 크고 밝은 주문을 닦아 배운 힘이 모두 저 언덕에 이르렀으며, 일체 중생의 여러 가지 번뇌의 병을 능히 소멸시키느니라."

부처님은 오랜 세월 동안 마음의 병을 다스리는 의사로서 온갖 방편과 크고 밝은 주문을 닦아 배운 힘을 모두 완전하게 성취하여 일체 중생의 여러 가지 번뇌의 병을 능히 소멸시킨다.

급 주 수 명　　경 무 량 겁　　기 신 청 정　　무 유
及住壽命하야 **經無量劫**호대 **其身淸淨**하야 **無有**

사려　　무유동용　　일체불사　미상휴식
思慮하고 無有動用하야 一切佛事를 未嘗休息이어든

중생견자　제번뇌병　실득소멸
衆生見者가 諸煩惱病이 悉得消滅이니라

"목숨이 한량없는 겁까지 살며, 그 몸이 청정하여 생각함도 없고 작용도 없으면서도 모든 불사佛事를 쉬지 아니하거든, 그를 보는 중생들은 모든 번뇌의 병이 다 소멸케 되느니라."

여래는 그 몸은 텅 비어 법계에 충만하시며 그 수명은 한량없는 겁이다. 사량분별도 없고 아무런 작용도 없으면서 능히 일체 불사를 지어 한 번도 쉬신 적이 없다. 그래서 여래를 보기만 해도 해탈을 얻고 그 이름만 들어도 삼악도의 고통을 면한다.

불자　시위여래신제팔상　　제보살마하살
佛子야 是爲如來身第八相이니 諸菩薩摩訶薩

응 여 시 견
이 應如是見이니라

"불자여, 이것이 여래 몸의 여덟째 모양이니 보살마하살은 마땅히 이와 같이 보아야 하느니라."

9〉 여래 신업 비유의 제9상相

부차불자　비여대해　유대마니보　명집일
復次佛子야 譬如大海에 有大摩尼寶하니 名集一

체광명비로자나장　약유중생　촉기광자　실
切光明毘盧遮那藏이라 若有衆生이 觸其光者면 悉

동기색　약유견자　안득청정　수피광명
同其色이요 若有見者면 眼得淸淨이며 隨彼光明의

소조지처　우마니보　명위안락　영제중
所照之處하야 雨摩尼寶하니 名爲安樂이라 令諸衆

생　이고조적
生으로 離苦調適인달하야

"또 불자여, 비유하면 큰 바다에 큰 마니보배가 있어 이름을 '집일체광명비로자나장集一切光明毘盧遮那藏'이라 하는데, 만약 어떤 중생이나 그 광명이 닿으면 그 빛과 같

아지고 그 광명을 보는 이는 눈이 청정하여지며, 그 광
명이 비추는 데는 '안락安樂'이라는 마니보배의 비를 내
려 모든 중생들로 하여금 괴로움을 여의고 화평하게 하
느니라."

여래 신업의 아홉 번째 비유다. 큰 마니보배에 일체 광명
이 가득 차 있어서 어떤 이든 그 광명에 닿기만 하면 그 마니
보배의 빛과 같아진다. 또 그 빛을 보는 이는 눈이 청정하여
진다. 그 광명이 비추는 데는 '안락'이라는 마니보배의 비를
내려 모든 중생들로 하여금 괴로움을 여의고 안락하게 한
다. 이 얼마나 훌륭한 마니보배의 빛인가.

불자　　제여래신　　역부여시　　위대보취일
佛子야 諸如來身도 亦復如是하사 爲大寶聚一

체공덕대지혜장　　약유중생　　촉불신보지혜
切功德大智慧藏이니 若有衆生이 觸佛身寶智慧

광자　　동불신색　　약유견자　　법안청정
光者면 同佛身色이요 若有見者면 法眼淸淨이라

수 피 광 명   소 조 지 처   영 제 중 생   이 빈 궁
隨彼光明의 **所照之處**하야 **令諸衆生**으로 **離貧窮**

고   내 지 구 족 불 보 리 낙
苦하며 **乃至具足佛菩提樂**이니라

"불자여, 모든 여래의 몸도 또한 그와 같아서 큰 보배덩이로써 모든 공덕의 큰 지혜 창고가 되나니, 만약 어떤 중생이 부처님 몸의 보배 지혜 광명이 닿으면 부처님의 몸빛과 같아지고, 만약 그 빛을 보는 이는 법의 눈이 청정하여지며, 그 광명이 비치는 곳에는 모든 중생들이 빈궁한 고통을 여의게 되며 내지 부처님 보리의 낙을 구족하게 되느니라."

모든 여래의 몸을 어찌 마니보배의 빛에 비유할 수 있겠는가마는 그러나 지혜로운 사람은 비유를 듣고 법을 안다. 여래의 몸도 또한 그 마니보배의 빛과 같아서 큰 보배덩이로써 모든 공덕의 큰 지혜 창고가 된다. 그래서 만약 어떤 중생이 부처님 몸의 보배 지혜 광명에 닿으면 부처님의 몸빛과 같아지고 또 어떤 중생이 부처님 몸의 보배 지혜 광명을 보면 법의 눈이 청정하여진다. 또 그 광명이 비치는 곳마다 모

든 중생들이 빈궁한 고통을 여의게 되며 부처님 보리의 낙을 구족하게 된다. 실로 여래 지혜의 가르침을 잘 듣는다면 이루지 못할 일이 없다.

점철성금點鐵成金과 같아서, 아주 특별한 과일이 있는데 그 과일의 즙이 쇳덩이에 떨어지면 그 쇳덩이가 금으로 변하듯이 한다. 실로 지리일언至理一言이 혁범성성革凡成聖하는 이치다. 여래의 진리의 가르침 한마디가 범부를 고쳐서 성인을 만든다. 여래 지혜 광명의 위신력은 이와 같다.

불자   여래법신   무소분별   역무희론
佛子야 如來法身이 無所分別하며 亦無戱論호대
이능보위일체중생   작대불사
而能普爲一切衆生하야 作大佛事니라

"불자여, 여래의 법신은 분별도 없고 부질없는 말도 없지마는 두루 일체 중생을 위하여 큰 불사를 짓느니라."

여래의 법신, 즉 육바라밀과 십바라밀과 사섭법과 사무량심과 사성제와 팔정도 등 일체 법이 다 갖춰져 있는 몸이

다. 그러나 아무런 분별도 없고 부질없는 말도 없다. 그러면서 널리 일체 중생을 위해서 항상 큰 불사를 짓는다.

불자 시위여래신제구상 제보살마하살
佛子야 是爲如來身第九相이니 諸菩薩摩訶薩

응여시견
이 應如是見이니라

"불자여, 이것이 여래 몸의 아홉째 모양이니 보살마하살은 마땅히 이와 같이 보아야 하느니라."

10〉 여래 신업 비유의 제10상相

부차불자 비여대해 유대여의마니보왕
復次佛子야 譬如大海에 有大如意摩尼寶王하니

명일체세간장엄장 구족성취백만공덕 수
名一切世間莊嚴藏이라 具足成就百萬功德하며 隨

소주처 영제중생 재환소제 소원만족
所住處하야 令諸衆生으로 災患消除하고 所願滿足

이나 **然此如意摩尼寶王**은 **非少福衆生**의 **所能得** 연차 여의 마니 보왕 비소 복 중생 소능득

見인달하야 견

"또 불자여, 비유하면 마치 큰 바다에 큰 여의주 마니보배가 있으니 이름이 '일체세간장엄장一切世間莊嚴藏'이라. 백만 공덕을 구족하게 성취하였으므로 머무는 곳마다 모든 중생들이 재앙은 소멸되고 소원은 만족하게 되느니라. 그러나 이 여의주 마니보배는 복이 적은 중생들은 보지 못하느니라."

여래 신업의 마지막 열 번째 비유다. 큰 바다에 큰 여의주 마니보배가 있는데 백만 공덕을 구족하게 성취하였다. 공덕의 힘으로 중생들의 모든 재앙을 소멸하고 일체 소원을 만족하게 한다. 그러나 이 여의주 마니보배는 복이 적은 중생들은 보지 못한다.

여래신여의보왕　　역부여시　　명위능령일
如來身如意寶王도 **亦復如是**하사 **名爲能令一**

체중생　　개실환희　약유견신문명찬덕　　실
切衆生으로 **皆悉歡喜**니 **若有見身聞名讚德**이면 **悉**

령영리생사고환　　가사일체세계일체중생
令永離生死苦患하며 **假使一切世界一切衆生**이

일시전심　　욕견여래　　실령득견　　소원개
一時專心하야 **欲見如來**라도 **悉令得見**하야 **所願皆**

만
滿이어니와

"여래의 몸 여의주 보배도 또한 그와 같아서 '일체
중생들로 하여금 환희케 함'이라 이름하나니, 만일 그
몸을 보거나 이름을 듣고 공덕을 찬탄하면 생사의 고통
을 아주 여의며, 가령 모든 세계의 모든 중생들이 한꺼
번에 한결같은 마음으로 여래를 보고자 하더라도 모두
보고 소원을 만족하게 되느니라."

여래의 몸도 여의주 보배다. 이 여래의 여의주 마니보배
는 일체 중생을 환희케 함으로 만일 그 몸을 보거나 이름을
듣고 공덕을 찬탄하면 생사의 고통을 아주 여읜다. 또 세계

방방곡곡에서 모든 중생들이 한꺼번에 불법의 여의주 보배를 보더라도 각자의 수준과 그릇에 따라 모두 다 이익을 얻고 소원을 만족한다. 이것이 여래가 이 세상에 몸을 나타내신 크나큰 공덕이다.

불자 불신 비시소복중생 소능득견
佛子야 佛身은 非是少福衆生의 所能得見이요

유제여래자재신력 소응조복 약유중생
唯除如來自在神力으로 所應調伏이니 若有衆生이

인견불신 변종선근 내지성숙 위성숙
因見佛身하면 便種善根하야 乃至成熟하며 爲成熟

고 내령득견여래신이
故로 乃令得見如來身耳니라

"불자여, 부처님의 몸은 복이 적은 중생들은 볼 수가 없거니와 오직 여래의 자유자재한 신통의 힘으로 조복 받을 수 있는 이는 제외되느니라. 만일 중생이 부처님 몸을 보면 곧 착한 뿌리를 심어서 마침내 성숙될 것이며, 성숙되게 하기 위해서 여래의 몸을 보게 할 뿐이니라."

부처님의 몸을 보지 못하는 복이 적은 중생이란 무엇을 뜻하는가. 복에는 청복淸福이라는 맑은 복이 있고 탁복濁福이라는 혼탁한 복이 있다. 혼탁한 복은 재물도 많고 명예도 높아 부귀공명을 누리고 살지만 불법을 만나지 못하여 인과의 이치를 모르고 일체 존재의 실상과 사람의 진정한 가치를 알지 못하여 취생몽사醉生夢死하며 어리석기가 한이 없다. 혼탁한 복에 눈이 어두워 부모처자와 형제자매를 사랑할 줄 모르고 혹은 귀중한 생명을 빼앗기도 하고 법정 다툼을 벌이는 일이 비일비재함을 본다. 이와 같은 이들이 어찌 부처님의 가르침을 마음에 받아들이겠는가. 경에서 말하는 복이 적은 사람은 이러하다.

청복이란 성인들의 가르침을 배우고 따르면서 사람의 도리를 알고, 인과의 이치를 알고, 일체 존재의 실상을 알며, 최소한의 의식주만으로도 만족하여 편안한 삶을 누리는 것이다. 이러한 사람들은 부처님 지혜의 가르침을 잘 받아들인다.

불자 　시위여래신제십상 　 제보살마하살
佛子야 是爲如來身第十相이라 諸菩薩摩訶薩이

응여시견
應如是見이니라

"불자여, 이것이 여래 몸의 열째 모양이니 보살마하
살은 마땅히 이와 같이 보아야 하느니라."

(3) 법에 나아가서 모두 맺다

이기심무량 　 변시방고 　 소행무애 　 여허
以其心無量하야 徧十方故며 所行無礙하야 如虛

공고 　보입법계고 　주진실제고 　무생무멸고
空故며 普入法界故며 住眞實際故며 無生無滅故며

등주삼세고 　 영리일체분별고 　 주진후제서원
等住三世故며 永離一切分別故며 住盡後際誓願

고 　엄정일체세계고 　 장엄일일불신고
故며 嚴淨一切世界故며 莊嚴一一佛身故니라

"그 마음이 한량없어 시방에 두루 한 연고며, 다니는
것이 걸림이 없어서 허공과 같은 연고며, 법계에 널리
들어가는 연고며, 진실한 경계에 머무는 연고며, 나지

도 않고 없어지지도 않는 연고며, 세 세상에 평등하게
머무는 연고며, 모든 분별을 영원히 여읜 연고며, 맨 나
중까지의 서원에 머무는 연고며, 일체 세계를 깨끗이
장엄하는 연고며, 낱낱 부처님의 몸을 장엄하는 연고이
니라."

앞에서 든 여래 몸의 열 가지 비유를 열 개의 구절로 다시
정리하여 밝혔다. 열 가지 비유를 청량스님은 열 가지 몸이
라고도 하였으며 이 열 개의 구절은 그 몸의 특징을 설한 것
으로 보았다. 낱낱이 배대하여 생각하면 알 수 있을 것이다.

(4) 열 가지 비유를 게송으로 거듭 설하다

이 시   보 현 보 살 마 하 살   욕 중 명 차 의   이
爾時에 **普賢菩薩摩訶薩**이 **欲重明此義**하사 **而**

설 송 언
說頌言하사대

그때에 보현보살마하살이 이 뜻을 거듭 밝히려고
게송을 설하였습니다.

비 여 허 공 변 시 방
譬如虛空徧十方하야

약 색 비 색 유 비 유
若色非色有非有와

삼 세 중 생 신 국 토
三世衆生身國土에

여 시 보 재 무 변 제
如是普在無邊際인달하야

비유하면 허공이 온 시방에 두루 하여서

형상과 형상 아님과 있음과 있지 않음과

세 세상 중생들의 몸과 국토에

이와 같이 두루 있어 그지없듯이

제 불 진 신 역 여 시
諸佛眞身亦如是하사

일 체 법 계 무 불 변
一切法界無不徧하야

불 가 득 견 불 가 취
不可得見不可取나

위 화 중 생 이 현 형
爲化衆生而現形이로다

부처님의 참몸도 그와 같아서

온 법계에 고루고루 두루 했는데

볼 수도 취할 수도 모두 없지만

중생을 교화하려 형상 나타냈도다.

여래 신업의 열 가지 비유 중에 첫 번째 비유를 게송으로 거듭 설하였다. 청량스님은 소에서 "첫째는 허공이 두루 하다는 비유로 여래의 '시방세계에 두루 한 몸'을 비유하였다."[8] 라고 하였다.

비 여 허 공 불 가 취　　보 사 중 생 조 중 업
譬如虛空不可取_라　普使衆生造衆業_{호대}

불 념 아 금 하 소 작　　운 하 아 작 위 수 작
不念我今何所作_{이며}　云何我作爲誰作_{인달하야}

비유하면 허공은 붙잡을 수 없는 것인데
중생들로 하여금 모든 업을 짓게 하지만
내가 지금 짓는다고 생각 않거니
어떻게 '내가 짓는다, 남이 짓는다.' 라고 하리오.

제 불 신 업 역 여 시　　보 사 군 생 수 선 법
諸佛身業亦如是_{하사}　普使群生修善法_{호대}

---

8) 〈一〉虛空周遍喻. 況周遍十方身.

여 래 미 증 유 분 별   아 금 어 피 종 종 작
如來未曾有分別하야   **我今於彼種種作**이로다

모든 부처님 몸의 업도 그와 같아서

중생들로 하여금 착한 법을 닦게 하지만

여래는 본래부터 분별없으되

내가 지금 온갖 것을 지음이로다.

여래 신업의 열 가지 비유 중에 두 번째 비유를 게송으로
거듭 설하였다. 청량스님은 소에서 "두 번째는 허공은 분별
이 없다는 비유로 여래의 '집착도 없고 걸림도 없는 몸'을 비
유하였다."[9] 라고 하였다.

비 여 일 출 염 부 제   광 명 파 암 실 무 여
譬如日出閻浮提에   **光明破闇悉無餘**하며

산 수 지 연 지 중 물   종 종 품 류 개 몽 익
山樹池蓮地衆物과   **種種品類皆蒙益**인달하야

비유하면 마치 해가 염부제에 뜨게 되면

---

9) 〈二〉空無分別喩. 況無著無礙身.

광명으로 모든 어둠 다 깨뜨려서

산의 나무와 못의 연꽃과 모든 물건과

가지각색 종류가 다 이익 얻듯이

제 불 일 출 역 여 시　　　생 장 인 천 중 선 행
諸佛日出亦如是하사　　**生長人天衆善行**하며

영 제 치 암 득 지 명　　　항 수 존 영 일 체 락
永除癡闇得智明하야　　**恒受尊榮一切樂**이로다

모든 부처님의 해가 뜸도 또한 그와 같아서

인간 천상의 착한 행을 자라게 하고

영원히 어리석음 깨뜨리고 밝은 지혜를 얻어

높고 귀한 온갖 낙樂을 받게 하도다.

여래 신업의 세 번째 비유를 게송으로 거듭 설하였다. 청
량스님은 소에서 "세 번째는 해의 빛이 이익을 주는 비유로
여래의 '널리 들어가서 이익을 이루는 몸'을 비유하였다."[10]
라고 하였다.

---

10) 〈三〉日光饒益喩. 喩普入成益身.

비 여 일 광 출 현 시　　　　선 조 산 왕 차 여 산
譬如日光出現時에　　**先照山王次餘山**하며

후 조 고 원 급 대 지　　　이 일 미 시 유 분 별
後照高原及大地호대　　**而日未始有分別**인달하야

비유컨대 태양이 처음 뜰 적에

먼저 높은 산을 비추고 다음은 낮은 산

나중에는 고원高原과 평지를 비추나

해는 본래 분별이 있지 아니하듯이

선 서 광 명 역 여 시　　　선 조 보 살 차 연 각
善逝光明亦如是하사　　**先照菩薩次緣覺**하며

후 조 성 문 급 중 생　　　이 불 본 래 무 동 념
後照聲聞及衆生호대　　**而佛本來無動念**이로다

잘 가신 이[善逝]의 광명도 그와 같아서

먼저는 보살을 비추고 다음은 연각

성문과 다른 중생을 나중에 비추나

부처님은 본래부터 생각이 없도다.

여래 신업의 네 번째 비유를 게송으로 거듭 설하였다. 청

량스님은 소에서 "네 번째는 해의 빛이 평등하게 비추는 비유로 여래의 '평등하게 따라 응하는 몸'을 비유하였다."[11]라고 하였다.

비 여 생 맹 불 견 일
譬如生盲不見日호대

일 광 역 위 작 요 익
日光亦爲作饒益하야

영 지 시 절 수 음 식
令知時節受飮食하야

영 리 중 환 신 안 은
永離衆患身安隱인달하야

비유하면 배냇소경들은 해를 못 보나
햇빛은 또한 그에게도 이익을 입혀
밤낮의 때를 알게 하고 음식을 받게 해서
온갖 걱정 여의고 몸을 편안하게 하듯이

무 신 중 생 불 견 불
無信衆生不見佛호대

이 불 역 위 흥 의 리
而佛亦爲興義利하시니

문 명 급 이 촉 광 명
聞名及以觸光明에

인 차 내 지 득 보 리
因此乃至得菩提로다

---

11) 〈四〉 日光等照喩. 喩平等隨應身.

신심 없는 중생들은 부처님을 보지 못하나
부처님은 그에게도 이치를 알려
이름을 듣고 광명도 받게 되어서
그로 인해 보리를 얻게 되도다.

여래 신업의 다섯 번째 비유를 게송으로 거듭 설하였다.
청량스님은 소에서 "다섯 번째는 태양은 배냇소경에게도 이
익을 준다는 비유로 '부처님은 신심이 없는 중생에게도 가만
히 이익을 주는 몸'을 비유하였다."[12]라고 하였다.

비 여 정 월 재 허 공   능 폐 중 성 시 영 결
譬如淨月在虛空에   **能蔽衆星示盈缺**하며

일 체 수 중 개 현 영   제 유 관 첨 실 대 전
一切水中皆現影이어든 **諸有觀瞻悉對前**인달하야

비유컨대 밝은 달 허공에 떠서
모든 별 가리며 찼다 기울었다 하며
간 데마다 물속에 비친 그림자를

---

12) 〈五〉 日益生盲喩. 喻佛無生潛益身.

234 대방광불화엄경 강설

보는 이들 자기 앞에 있다 하듯이

여 래 정 월 역 부 연　　　　능 폐 여 승 시 수 단
如來淨月亦復然하사　**能蔽餘乘示脩短**하며

보 현 천 인 정 심 수　　　　일 체 개 위 대 기 전
普現天人淨心水하시니　**一切皆謂對其前**이로다

여래의 밝은 달도 그와 같아서

삼승三乘을 가리고 길고 짧음 보이며

천신들과 인간 마음 물에 나타나거든

모든 중생 자기 앞에 대하였다 하도다.

여래 신업의 여섯 번째 비유를 게송으로 거듭 설하였다.
청량스님은 소에서 "여섯 번째는 달빛이 기특하다는 비유로
'부처님은 원만하게 돌면서 평등하게 머무는 몸'을 비유하였
다."[13]라고 하였다.

---

13) 〈六〉月光奇特喩. 喩佛圓廻等住身.

비 여 범 왕 주 자 궁　　　보 현 삼 천 제 범 처
譬如梵王住自宮하야　**普現三千諸梵處**하니

일 체 인 천 함 득 견　　　실 불 분 신 향 어 피
一切人天咸得見호대　**實不分身向於彼**인달하야

비유하면 범천왕이 제 궁전에 머물러 있어

삼천의 모든 범천에 널리 나타내거든

모든 인간 천신들이 모두 보지만

실로는 몸을 나눠 저들을 향하지 않았듯이

제 불 현 신 역 여 시　　　일 체 시 방 무 불 변
諸佛現身亦如是하사　**一切十方無不徧**하시니

기 신 무 수 불 가 칭　　　역 불 분 신 불 분 별
其身無數不可稱이나　**亦不分身不分別**이로다

부처님들 나투는 몸도 그와 같아서

일체 시방에 두루 하지 않는 데 없어

그 몸이 수가 없어 말로 할 수 없지만

몸 나누는 일 없고 분별도 없도다.

여래 신업의 일곱 번째 비유를 게송으로 거듭 설하였다.

청량스님은 소에서 "일곱 번째는 범천왕이 널리 나타난다는 비유로 '부처님은 무심히 널리 응하는 몸'을 비유하였다."[14] 라고 하였다.

여 유 의 왕 선 방 술
如有醫王善方術에

약 유 견 자 병 개 유
若有見者病皆愈라

명 수 이 진 약 도 신
命雖已盡藥塗身하야

영 기 작 무 실 여 초
令其作務悉如初인달하야

예컨대 어떤 의사가 신기한 약방문을 알아

모든 병 보는 대로 다 잘 고치더니

죽을 적에 임시로 몸에 약을 발라서

온갖 일을 하는 데 예전과 같듯이

최 승 의 왕 역 여 시
最勝醫王亦如是하사

구 족 방 편 일 체 지
具足方便一切智하야

이 석 묘 행 현 불 신
以昔妙行現佛身하시니

중 생 견 자 번 뇌 멸
衆生見者煩惱滅이로다

14) 〈七〉梵王普現喻. 喻佛無心普應身.

가장 높은 의사[醫王]도 그와 같아서
방편과 온갖 지혜 구족하다가
예전처럼 부처님 몸 나타내거든
중생들 보는 대로 번뇌를 소멸하도다.

여래 신업의 여덟 번째 비유를 게송으로 거듭 설하였다.
청량스님은 소에서 "의사의 수명을 연장하여 보인 비유로 '부
처님은 미래의 끝까지 다하는 몸'을 비유하였다." [15] 라고 하
였다.

비 여 해 중 유 보 왕   보 출 무 량 제 광 명
譬如海中有寶王하야   **普出無量諸光明**이어든

중 생 촉 자 동 기 색   약 유 견 자 안 청 정
衆生觸者同其色이며   **若有見者眼淸淨**인달하야

비유컨대 바닷속 보배왕들이
한량없는 모든 광명 널리 내거든
광명에 닿는 중생은 그 빛과 같아지고

---

15) 〈八〉 醫王延壽喩. 喩佛窮盡後際身.

그 빛을 보는 이는 눈이 청정해지듯이

최 승 보 왕 역 여 시 　　　촉 기 광 자 실 동 색
最勝寶王亦如是하사 　　**觸其光者悉同色**이며

약 유 득 견 오 안 개 　　　파 제 진 암 주 불 지
若有得見五眼開하야 　　**破諸塵闇住佛地**로다

가장 높은 보배왕도 그와 같아서

그 빛에 닿는 이 그 빛과 같아지고

보는 이는 다섯 눈 모두 열려서

어둠을 깨뜨리고 부처님 지위에 머물도다.

　여래 신업의 아홉 번째 비유를 게송으로 거듭 설하였다.
청량스님은 소에서 "마니보배가 중생을 이익하게 하는 비유
로 '부처님의 장엄이 중생을 이익하게 하는 몸'을 비유하였
다."[16]라고 하였다.

---

16) 〈九〉 摩尼利物喩. 喩佛嚴利益生身.

비 여 여 의 마 니 보 　　　수 기 소 구 개 만 족
譬如如意摩尼寶가　　隨其所求皆滿足이나

소 복 중 생 불 능 견 　　　비 시 보 왕 유 분 별
少福衆生不能見하나니　非是寶王有分別인달하야

비유컨대 뜻과 같은 마니보배가

찾는 대로 그 마음 채워 주는데

복이 적은 중생들 보지 못하나

보배는 분별하는 생각이 없듯이

선 서 보 왕 역 여 시 　　　실 만 소 구 제 욕 락
善逝寶王亦如是하사　悉滿所求諸欲樂이나

무 신 중 생 불 견 불 　　　비 시 선 서 심 기 사
無信衆生不見佛하나니　非是善逝心棄捨로다

잘 가시는 보배왕도 그와 같아서

구하는 이 모든 욕망 채워 주지만

신심 없는 중생들이 부처님을 보지 못해도

부처님은 마음에 버리는 것이 아니로다.

여래 신업의 열 번째 비유를 게송으로 거듭 설하였다. 청

량스님은 소에서 "보배가 소원을 만족시키는 비유로 '부처님의 상호 장엄이 원을 만족하는 몸'을 비유하였다."[17]라고 하였다.

여래 출현의 모든 내용을 열 가지로 열거하는데 먼저 여래가 출현하는 법상法相을 열 가지 비유를 들어 밝히고, 다음으로 여래의 신업身業을 다시 열 가지 비유를 들어 밝혔다. 일일이 장문으로 자세히 설하고 다시 게송을 설하여 그 뜻을 거듭 밝혔다.

세 권으로 이루어진 여래출현품은 읽을수록 그 문장 체계와 조직이 치밀하여 감탄을 금할 수 없다. 화엄경의 안목에서 여래가 이 세상에 출현하신 모든 의미를 이 세 권에 다 정리하여 밝혔으므로 "여래출현경如來出現經"이라고 하여 따로 널리 보급하여도 좋을 품임을 거듭 느낀다.

여래출현품 1 끝

〈제50권 끝〉

---

17) 〈十〉寶王滿願喩. 喻佛相嚴滿願身.

華嚴經 構成表

分次	周次			內容	品數	會次
舉果勸樂生信分 (信)	所信因果周			如來依正	世主妙嚴品 第一 如來現相品 第二 普賢三昧品 第三 世界成就品 第四 華藏世界品 第五 毘盧遮那品 第六	初會
修因契果生解分 (解)	差別因果周	差別因	十信		如來名號品 第七 四聖諦品 第八 光明覺品 第九 菩薩問明品 第十 淨行品 第十一 賢首品 第十二	二會
			十住		昇須彌山頂品 第十三 須彌頂上偈讚品 第十四 十住品 第十五 梵行品 第十六 初發心功德品 第十七 明法品 第十八	三會
			十行		昇夜摩天宮品 第十九 夜摩天宮偈讚品 第二十 十行品 第二十一 十無盡藏品 第二十二	四會
			十廻向		昇兜率天宮品 第二十三 兜率宮中偈讚品 第二十四 十廻向品 第二十五	五會
			十地		十地品 第二十六	六會
			等覺		十定品 第二十七 十通品 第二十八 十忍品 第二十九 阿僧祇品 第三十 如來壽量品 第三十一 菩薩住處品 第三十二	七會
		差別果	妙覺		佛不思議法品 第三十三 如來十身相海品 第三十四 如來隨好光明功德品 第三十五	
	平等因果周	平等因			普賢行品 第三十六	
		平等果			如來出現品 第三十七	
托法進修成行分 (行)	成行因果周			二千行門	離世間品 第三十八	八會
依人證入成德分 (證)	證入因果周			證果法門	入法界品 第三十九	九會

（資料：文殊經典研究會）

會場	放光別	會主	入定別	說法別舉
菩提場	遮那放齒光眉間光	普賢菩薩爲會主	入毘盧藏身三昧	如來依正法
普光明殿	世尊放兩足輪光	文殊菩薩爲會主	此會不入定．信未入位故	十信法
忉利天宮	世尊放兩足指光	法慧菩薩爲會主	入無量方便三昧	十住法門
夜摩天宮	如來放兩足趺光	功德林菩薩爲會主	入菩薩善思惟三昧	十行法門
兜率天宮	如來放兩膝輪光	金剛幢菩薩爲會主	入菩薩智光三昧	十廻向法門
他化天宮	如來放眉間毫相光	金剛藏菩薩爲會主	入菩薩大智慧光明三昧	十地法門
再會普光明殿	如來放眉間口光	如來爲會主	入刹那際三昧	等妙覺法門
三會普光明殿	此會佛不放光．表行依解法依解光故	普賢菩薩爲會主	入佛華莊嚴三昧	二千行門
祇陀園林	放眉間白毫光	如來善友爲會主	入獅子頻申三昧	果法門

如天 無比

1943년 영덕에서 출생하였다. 1958년 출가하여 덕흥사, 불국사, 범어사를 거쳐 1964년 해인사 강원을 졸업하고 동국역경연수원에서 수학하였다. 10여 년 선원생활을 하고 1976년 탄허스님에게 화엄경을 수학하고 전법, 이후 통도사 강주, 범어사 강주, 은해사 승가대학원장, 대한불교조계종 교육원장, 동국역경원장, 동화사 한문불전승가대학원장 등을 역임하였다.

현재 부산 문수선원 문수경전연구회에서 150여 명의 스님과 250여 명의 재가 신도들에게 화엄경을 강의하고 있다. 또한 다음 카페 '염화실'(http://cafe.daum.net/yumhwasil)을 통해 '모든 사람을 부처님으로 받들어 섬김으로써 이 땅에 평화와 행복을 가져오게 한다.'는 인불사상(人佛思想)을 펼치고 있다.

저서로 『법화경 법문』, 『신금강경 강의』, 『직지 강설』(전 2권), 『법화경 강의』(전 2권), 『신심명 강의』, 『임제록 강설』, 『대승찬 강설』, 『유마경 강설』, 『당신은 부처님』, 『사람이 부처님이다』, 『이것이 간화선이다』, 『무비 스님과 함께하는 불교공부』, 『무비 스님의 증도가 강의』, 『일곱 번의 작별인사』, 무비 스님이 가려 뽑은 명구 100선 시리즈(전 4권) 등이 있고 편찬하고 번역한 책으로 『화엄경(한글)』(전 10권), 『화엄경(한문)』(전 4권), 『금강경 오가해』 등이 있다.

대방광불화엄경 강설 제50권

| 초판 1쇄 발행_ 2016년 11월 29일
| 초판 2쇄 발행_ 2018년 3월 21일

| 지은이_ 여천 무비(如天 無比)
| 펴낸이_ 오세룡
| 편집_ 박성화 손미숙 정선경 이연희
| 기획_ 최은영
| 디자인_ 고혜정 김효선 장혜정
| 홍보 마케팅_ 이주하
| 펴낸곳_ 담앤북스
　　　　서울특별시 종로구 사직로8길 34 (내수동) 경희궁의 아침 3단지 926호
　　　　대표전화 02)765-1251 전송 02)764-1251 전자우편 damnbooks@hanmail.net
　　　　출판등록 제300-2011-115호
| ISBN　979-11-87362-63-0　04220

정가 14,000원
ⓒ 무비스님 2016